Die besten Rezepte aus
Thüringen

Die besten Rezepte aus Thüringen

von

Herbert Frauenberger

BuchVerlag für die Frau

Titelfoto oben: Die Wartburg bei Eisenach – UNESCO-Weltkulturerbe
Foto S. 2: Schloss Kochberg in Großkochberg bei Weimar – ein Lieblingsort von Goethe

ISBN 978-3-89798-555-1

© BuchVerlag für die Frau GmbH, Leipzig 2019
Covergestaltung und Layout: Uta Wolf, Quedlinburg
Bildnachweis: S. 95
Druck und Bindung: COULEURS Print & More GmbH

Printed in Slovenia

www.buchverlag-fuer-die-frau.de

....

Der Großteil der Rezepte ist für vier Personen berechnet. *Alle Rezepte und Tipps sind mit Sorgfalt ausgewählt und geprüft. Eine Haftung des Verlages und seiner Beauftragten für alle erdenklichen Schäden an Personen, Sach- und Vermögensgegenständen ist ausgeschlossen.*

Inhalt

Thüringen – klein aber kulinarisch oho!

Das reizvolle Thüringer Land ist voller wild-, pilz- und beerenreicher Wälder. Kristallklare Flüsse, Teiche und Bäche mit Forellen und Karpfen schimmern in den Tälern. Wer einen Garten sein eigen nennen kann, verfügt über Kräuter, Obst und Gemüse und so mancher Thüringer auch über einen Hühner- und Kaninchenstall hinterm Haus. In den Städten sorgen regelmäßig stattfindende Wochenmärkte für die Versorgung mit frischen ländlichen Produkten.

Das war nicht immer so. Körperlich schwere Arbeit, Armut und große und kleine Kriege prägten die Essgewohnheiten und Rezepte der Thüringer und brachten lange Zeit eine eher karge Küche hervor. Die Bevölkerung lebte überwiegend von Ackerbau, Viehzucht und Forstwirtschaft. Jahrzehntelang bestimmten der Kartoffel- und Getreideanbau die Ernährung von Mensch und Tier.

Viele überlieferte und noch heute beliebte Rezepte sind dennoch oft fleischlastig und deftig, auch oder gerade weil in vergangenen Zeiten Fleisch etwas ganz Besonderes war und seltener auf dem Tisch stand als heute.

Auch wenn sich die Zeiten geändert haben, in den Grundzügen blieb die deftige traditionelle Thüringer Küche erhalten. Fragt man Menschen außerhalb Thüringens, aber auch im Freistaat selbst, nach typischen Spezialitäten, erhält man in der Regel Dreierlei als Antwort: Thüringer Klöße, Bratwurst und Rostbrätel. Nicht umsonst wird Thüringen von seinen Nachbarn gern auch Bratwurstland genannt, denn wenn Thüringer ihren so heiß geliebten Holzkohlegrill anzünden, dann liegen darauf Bratwurst und Rostbrätel und manchmal auch Rostbrätel und Bratwurst. Auch wenn

Baumkronenpfad im Nationalpark Hainich

ich damit sicher einer Vielzahl von Grillbegeisterten Unrecht tue – ohne diese beiden Thüringer Grillspezialitäten geht im Prinzip nichts. Wenn der Holzkohlerost raucht, redet man bei uns auch liebevoll vom „Thüringer Weihrauch".

Der relativ kleine Freistaat Thüringen hat aber kulinarisch weit mehr zu bieten: Für den traditionsreichen Gemüseanbau seien exemplarisch die Gartenstadt Erfurt und die weiten Spargelfelder im sogenannten Thüringer Becken genannt. Rund um den sanften Höhenzug der Fahnerschen Höhen wird ausgiebig und sehr vielseitig Obstanbau betrieben: Äpfel, Süß- und Sauerkirschen, Pflaumen und Mirabellen, Birnen,

Aprikosen und Holunder – vieles, was in unserem Klima gedeiht und von Bedeutung ist, wird hier kultiviert. Gerade in Nordthüringen und im Harzvorland spielte mit der Viehzucht auch die Käseherstellung eine bedeutende Rolle.

Keinesfalls darf man die Thüringer Blechkuchen-Tradition bei der Aufzählung typischer regionaler Spezialitäten vergessen: Keine Feier ohne Kuchen, und auch im Alltag ist immer Zeit, ein wenig Kuchen zu schnabulieren! Früher sollten die Hefekuchen vor allem satt machen. Heute möchte man möglichst von jedem Kirmeskuchen naschen. Die Festtagskuchen werden in sehr kleine Stückchen geschnitten und auf

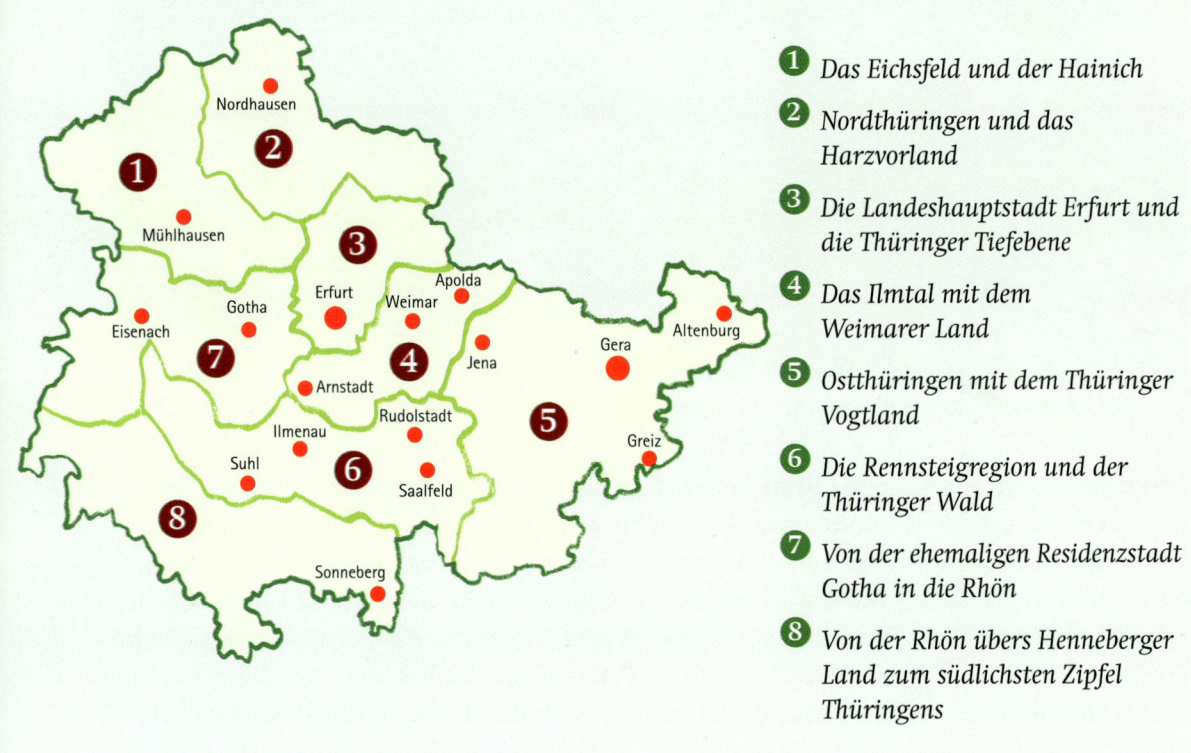

1 Das Eichsfeld und der Hainich

2 Nordthüringen und das Harzvorland

3 Die Landeshauptstadt Erfurt und die Thüringer Tiefebene

4 Das Ilmtal mit dem Weimarer Land

5 Ostthüringen mit dem Thüringer Vogtland

6 Die Rennsteigregion und der Thüringer Wald

7 Von der ehemaligen Residenzstadt Gotha in die Rhön

8 Von der Rhön übers Henneberger Land zum südlichsten Zipfel Thüringens

bunten Kuchentellern dekorativ angerichtet. Ein wahrer Augenschmaus.

Inspiriert wurde die Küche Thüringens immer wieder durch berühmte Persönlichkeiten, die sich für kurze oder auch längere Zeit in der Region aufhielten. Eine der bedeutungsvollsten Persönlichkeiten ist

vermutlich Johann Wolfgang von Goethe. Der „Dichterfürst" brachte einst durch seine Weltoffenheit, Reisefreude und Frankfurter Herkunft allerlei Spezialitäten in das damalige Provinznest Weimar. So werden zum Beispiel noch heute im Garten hinter dem Goethe-Wohnhaus stets einige

Artischocken kultiviert, denn er liebte die „stacheligen Gesellen". Und er ist der Namensgeber des seit nunmehr fast 30 Jahren jährlich zu seinem Geburtstag Ende August stattfindenden Weinfestes „Auf einen Schoppen bei Goethe". Während dieses Festes wird Weimar für einige Tage zum Treffpunkt namhafter Weinhersteller. Und natürlich werden auch die Weine aus dem kleinen, feinen Thüringer Weinanbaugebiet an Unstrut und Saale angeboten. Zum guten Wein gehört selbstverständlich auch schmackhaftes, stilvolles Essen.

Der nicht enden wollende Streit zwischen Bayern und Thüringen, wer wohl das Bier-Reinheitsgebot bestimmt hat, zeigt, dass Thüringen auch eine große Bierbrautradition besitzt. So findet man in vielen uralten Thüringer Rezepten Bier in der Zutatenliste.

Ich hoffe, Sie haben durch meine kleine Betrachtung Lust auf die Thüringer Küche bekommen und folgen gern meiner Einladung zu einem kulinarischen Rundgang durch Thüringen. Der Herkunft von Spezialitäten folgend habe ich das Bundesland Thüringen etwas anders aufgeteilt, als es sonst geographisch üblich ist. Neben den bekannten oder vielleicht auch weniger bekannten Rezepten habe ich allerlei Hintergrundwissen zusammengetragen, das aus meiner Sicht wissenswert, spannend und interessant ist. Thüringer Spezialitäten wie zum Beispiel der Schmöllner Mutzbraten, das Vogteier Kartoffelgeschmink oder auch das Thüringer Kümmelfleisch habe ich bereits in meinem Buch „Ostdeutsche Gerichte mit Geschichten" vorgestellt. Bitte sehen Sie es mir nach, wenn ich diese Thüringer Klassiker nicht noch einmal berücksichtige. In jedem Fall sind alle Rezepte unkompliziert nachkochbar, gelingsicher, authentisch und vor allem von außerordentlich köstlichem Geschmack.

Und nun wünsche ich viel Freude bei diesem unterhaltsamen, kurzweiligen Streifzug durchs Thüringer Land – und guten Appetit.

Ihr Herbert Frauenberger

ENTDECKE
DIE GEHEIMNISSE
DES HAINICH

 *Das Eichsfeld und der Hainich*

Wenn man auf Reisen ist, dann wird oft nach einem Geheimtipp gefragt. Schließlich möchte man doch abseits der gängigen Touristenroute interessante Eindrücke einfangen. Hier fällt mir die heimliche Genießerregion **Eichsfeld** ein. Von der Traditionsstadt Heiligenstadt hin zur Thomas Müntzer-Metropole Mühlhausen kann man gepflegte Ortschaften kennenlernen und die Eichsfelder essen auch sehr gern gut. Dabei ist nicht nur der berühmte Eichsfelder Feldgieker (schnittfeste, gereifte Rohwurst) ein echter Gaumenschmaus. Einmal auf Entdeckertour lohnt die Weiterreise bis zum Nationalpark Hainich und der nahe gelegenen, schmucken Stadt Bad Langensalza. Seit 2011 gehört der Nationalpark zum UNESCO-Weltnaturerbe.

Ein weites Netz von Wander- und Radwanderwegen durchzieht die Region. Der spektakulärste ist der Baumkronenpfad in 44 Metern Höhe.

Im Eichsfeld ist vorwiegend das sogenannte Leineschaf anzutreffen. Der Name stammt vom gleichnamigen Fluss zwischen Göttingen und Hannover, wo die Schafe vermehrt gezüchtet wurden. Im Thüringer Eichsfeld ist diese Schafrasse sehr beliebt, da sie sehr anpassungsfähig, genügsam und robust ist. Das Fleisch ist qualitativ hochwertig, relativ mager, besitzt viele wichtige Mineralstoffe und Vitamine. Und es ist bei richtiger Zubereitung zart und schmeckt köstlich wie in der Schäferpfanne.

Deftige Schäferpfanne mit Porree und Wachtelbohnen

150 g gegarte Wachtelbohnen

500 g Lammschulter ohne Knochen

250 g durchwachsener Speck

100 g geputzter Porree

100 g gepellte Zwiebeln

2 EL Öl, Salz, Pfeffer

je 1 Zweig möglichst frischer Majoran und Thymian

300 ml Lammfond

200 ml Apfelsaft

Die Wachtelbohnen am besten schon am Vortag einweichen. Am Kochtag das Lammfleisch und den gewaschenen Porree in nicht zu grobe Streifen schneiden. Speck und Zwiebeln fein würfeln. Im erhitzten Öl die Speckwürfel auslassen und die Zwiebelwürfel darin glasig schwitzen. Nun die mit Salz und Pfeffer gewürzten Lammfleischstreifen zugeben und gut anbraten, bis sie eine goldbraune Farbe angenommen haben. Majoran und Thymian zugeben. Die Wachtelbohnen in ein Sieb geben und unter fließendem Wasser gut abspülen. Gut abgetropft mit den Porreestreifen zum Fleischansatz geben. Das Ganze mit dem Lammfond und Apfelsaft auffüllen und zugedeckt auf kleiner Flamme etwa **35 bis 40 Minuten** garen. Zwischendurch immer mal umrühren, damit die Schäferpfanne nicht ansetzt. Vor dem Auftragen noch einmal mit Salz und Pfeffer abschmecken. Dazu reichte man früher gern Kanten vom Bauernbrot, Salzkartoffeln passen aber auch hervorragend.

Bis 1908 kann man die Geschichte des deutschlandweit bekannten Mühlhäuser Pflaumenmus' zurückverfolgen. In einem kleinen Kaufmannsladen in der Eisenacher Straße 8 kochten Hermann und Luise Thämert bereits 1908 von Pflaumen aus dem eigenen Garten und Gewürzen aus dem eigenen Laden leckeres Pflaumenmus, das sich prächtig verkaufte. Das war der Beginn einer bis heute währenden Erfolgsgeschichte. Und natürlich kann man mit dem würzigen Mus auch deftige Gerichte verfeinern.

Schweinenackenbraten mit Mühlhäuser Pflaumenmus

1 kg Schweinekamm
ohne Knochen

100 g gepellte Zwiebel, 2 EL Öl

1 TL Senf

2 – 3 gepellte Knoblauchzehen

3 – 4 EL Mühlhäuser
Pflaumenmus

150 ml Küchensahne

100 ml Weißwein

1 kleines Bund Schnittlauch

Salz, Pfeffer

Das Kammstück rundum im erhitzten Öl gut anbraten und danach aus der Pfanne nehmen. Mit Pfeffer und Salz würzen, rundum mit dem Senf dünn bestreichen. Knoblauch sehr fein hacken und gleichmäßig auf dem angebratenen Kammstück verteilen. Danach das Pflaumenmus auf das Fleisch streichen. So vorbereitet das Fleisch wieder in den Bräter geben und im vorgeheizten Ofen bei 180 °C etwa 20 Minuten backen.

In der Zwischenzeit die gepellten Zwiebeln in dünne Keile schneiden. Nach der ersten Backphase zum Braten geben und den Wein angießen. Den Deckel auf den Bräter setzen und bei reduzierter Hitze (160 °C) den Nackenbraten noch etwa 40 Minuten gar schmoren. Den Braten aus dem Bratensatz nehmen und warm stellen. Küchensahne in den Bratensatz rühren und zur gewünschten Konsistenz einkochen. Mit Salz, Pfeffer und eventuell noch mit etwas Pflaumenmus abschmecken. Schnittlauch in feine Röllchen schneiden und zur Zwiebel-Rahmsoße geben. Das Fleisch in zentimeterdicke Scheiben schneiden und mit der Soße überziehen. Dazu schmecken Serviettenklöße (s. S. 88) oder gebratene Kloßscheiben (s. S. 85). Als Gemüsebeilage Spitz- oder Rotkohl.

Kalte Holundersuppe aus dem Hainich

250 g Holunderbeeren

0,7 l Apfelsaft

3 EL Zucker

1 EL Vanillezucker

1 Apfel (vorzugsweise Cox Orange)

1 EL Speisestärke

2 EL Küchensahne

Schale von 1/2 Bio-Zitrone

4 Kugeln Vanilleeis à 50 g

4 Zweige Minze

Die gewaschenen Holunderbeeren mit einer Schere von den Dolden schneiden und im Apfelsaft zum Kochen bringen. Auf kleiner Flamme etwa **10 Minuten** köcheln lassen. Dann mit Hilfe einer „Flotten Lotte" passieren und eventuell noch durch ein feines Sieb streichen. Nach Geschmack Zucker und Vanillezucker, und den in feine Blättchen geschnittenen, geschälten Apfel zugeben. Die Suppe nochmals zum Kochen bringen. In wenig Apfelsaft die Speisestärke anrühren und damit die Holundersuppe unter Rühren andicken. Die Suppe mit Sahne verfeinern und mit etwas geriebener Zitronenschale abschmecken. Dann abkühlen lassen, ggf. in den Kühlschrank stellen. Zum Verzehr in tiefe Teller füllen, in die Mitte jeweils eine Kugel Vanilleeis setzen und mit einem Minzezweig garnieren.

Diebichen sind süße Mehlklößchen oder Nocken, die in einer cremigen Vanille-Milch-Suppe serviert werden. Diese süße Suppe wird mit Früchten wie Kirschen, Pflaumen oder Birnen angereichert. Dieses Gericht ist sicher vielen älteren Thüringern aus ihrer Kindheit noch bekannt – Essen für die Kinderseele.

Diebichen mit Kompottfrüchten

3 Eier, 80 g Zucker

300 g Weizenmehl

1 Msp. Backpulver

1 Prise Salz

1 Glas à 900 g Kompottfrüchte (Birnen, Sauerkirschen oder Zwetschgen) mit Saft

1 l Vollmilch

1 Pck. Puddingpulver Vanillegeschmack

Die Eier mit Zucker verrühren, nach und nach das Mehl unterrühren, sodass ein glatter aber fester Teig entsteht. Salz und Backpulver zugeben. Die Kompottfrüchte mittels Sieb vom Saft trennen. Das Obst evtl. in mundgerechte Stücke schneiden. Den abgeseihten Fruchtsaft zusammen mit der Milch zum Kochen bringen. Mit einem Teelöffel den Teig in kleine Nocken teilen und in der leicht kochenden Fruchtsaft-Milch garen, bis sie an die Oberfläche steigen. Nun den Herd ausschalten und noch etwa **5 Minuten** ziehen lassen. Danach die Diebichen aus der Flüssigkeit nehmen und warm stellen. Die Fruchtsaft-Milch mit dem Puddingpulver, das in der restlichen kalten Milch angerührt wurde, unter ständigem Rühren andicken. Danach die Diebichen gemeinsam mit den Früchten hineingeben und in Schalen oder Suppentellern servieren.

Tipp: An heißen Sommertagen sind Diebichen auch als Hauptspeise geeignet, sonst ist es eher ein Dessert.

15

Eichsfelder Schmandkuchen

Für 1 Backblech Standard ca. 30 x 40 cm

Für den Hefeteig:

375 g Weizenmehl

150 ml Milch

50 g Zucker

1 Ei, 50 g Butter

30 g frische Hefe

1 Prise Salz

alternativ 500 g fertiger Hefeteig aus dem Kühlregal

Mehl in eine Schüssel geben und in der Mitte eine Mulde formen. Lauwarme Milch mit Zucker verrühren, die Hefe hineinbröseln und in die Mulde gießen. Von den Seiten etwas Mehl in die Flüssigkeit mischen. Nun diesen Vorteig mit einem sauberen Küchentuch abdecken und am warmen Ort etwa **20 Minuten** gehen lassen. Dann die weiche Butter, das Ei und 1 Prise Salz zugeben und das Ganze mit den Knethaken des Handrührgerätes gründlich glatt kneten. Nochmals abgedeckt am warmen Ort ca. **45 bis 50 Minuten** gehen lassen. Den Teig gut durchwalken und dann auf Backblechgröße ausrollen. Beim Belegen des Backbleches den Teig an den Seiten etwa 1 cm hochziehen.

Für den Belag 1 l Milch mit 100 g Zucker und 1 Päckchen Vanillezucker zum Kochen bringen. Grieß und Zitronenschale einrühren und bei reduzierter Hitze mit geschlossenem Deckel ausquellen lassen. Ab und zu durchrühren. Es sollte ein dickflüssiger, cremiger Brei entstehen.

In ca. 100 ml Milch das Puddingpulver anrühren und die restliche Milch in einem Topf mit dem übrigen Zucker und Vanillezucker zum Kochen bringen. Das angerührte Puddingpulver einrühren und bei ständigem Rühren gut durchkochen.

Für den Belag:

1 1/2 l Milch, 200 g Zucker

2 Pck. Vanillezucker

125 g Hartweizengrieß

abgeriebene Schale von
1 Bio-Zitrone

1 Pck. Vanille-Puddingpulver

6 Eier, 500 g Schmand

1 Prise Salz

600 g saubere frische Stachelbeeren oder TK

100 g Rosinen, Puderzucker

Die Eier trennen und 4 Eigelb abseits der Feuerstelle nacheinander unter die Grießmasse heben, 2 Eigelb unter die Puddingmasse. Schmand zu 2/3 unter die Grießmasse und zu 1/3 unter die Puddingmasse heben. Eiweiß mit 1 Prise Salz zu steifem Schnee schlagen und im gleichen Verhältnis unter die etwas abgekühlten Massen verteilen. Nun die Puddingmasse mit einem Spatel auf den Hefeteig gleichmäßig dick aufstreichen. Darauf die Stachelbeeren und die Rosinen verteilen. Nun obenauf noch die Grießmasse streichen. Den Kuchen auf der mittleren Schiene **45 Minuten** im auf **175 °C** vorgeheizten Ofen bei Ober-/Unterhitze backen. Nach dem Auskühlen den Kuchen mit Puderzucker bestäuben.

Tipp: Der Eichsfelder Schmandkuchen schmeckt auch ohne Obst oder mit anderen Früchten wie zum Beispiel Johannisbeeren, Apfel- oder Aprikosenspalten.

Propheten- oder Huckelkuchen

Für 1 Kuchen- bzw. Backofen-blech Standardgröße

7 Eigelb, 7 EL Zucker

7 EL Öl, 7 EL Weizenmehl

7 EL Rum oder eine andere helle Spirituose (mindestens 40 Vol.-%)

100 g Butter

Saft von 1/2 Zitrone

Staubzucker

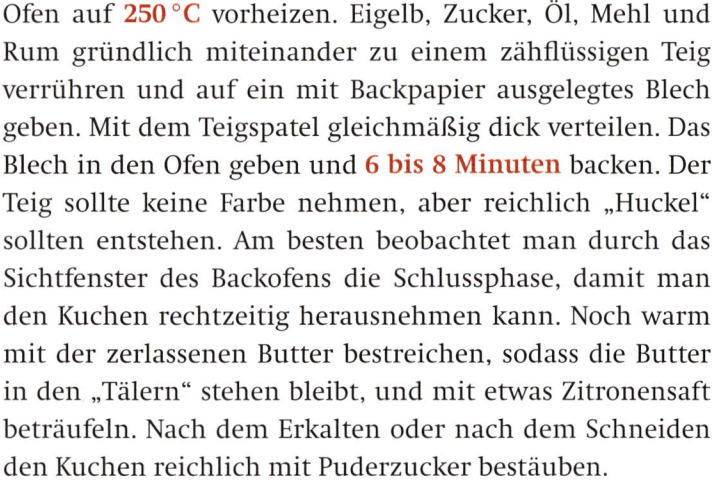

Ofen auf **250 °C** vorheizen. Eigelb, Zucker, Öl, Mehl und Rum gründlich miteinander zu einem zähflüssigen Teig verrühren und auf ein mit Backpapier ausgelegtes Blech geben. Mit dem Teigspatel gleichmäßig dick verteilen. Das Blech in den Ofen geben und **6 bis 8 Minuten** backen. Der Teig sollte keine Farbe nehmen, aber reichlich „Huckel" sollten entstehen. Am besten beobachtet man durch das Sichtfenster des Backofens die Schlussphase, damit man den Kuchen rechtzeitig herausnehmen kann. Noch warm mit der zerlassenen Butter bestreichen, sodass die Butter in den „Tälern" stehen bleibt, und mit etwas Zitronensaft beträufeln. Nach dem Erkalten oder nach dem Schneiden den Kuchen reichlich mit Puderzucker bestäuben.

Überraschungsbesuch ist für viele Menschen eine Horror-vorstellung – vor allem, wenn man nicht weiß, was man auf die Schnelle anbieten könnte. Der Propheten- oder auch Hu-ckelkuchen ist eine Thüringer Spezialität, die schnell zuberei-tet ist, außerdem phantastisch schmeckt und dazu auch noch originell aussieht. Bitte beim Zubereiten nicht vergessen: Aus Neugier die Ofentür zwischen-durch mal öffnen kann fatale Folgen haben. Dann hat man statt der Thüringer Berge (= Hu-ckel) die norddeutsche Tiefebene auf dem Blech ...

Nordthüringen und das Harzvorland

Bekanntlich teilen sich die malerische Harzregion gleich drei deutsche Bundesländer: Niedersachsen, Sachsen-Anhalt und der kleinere südliche Harzteil gehört zum Norden von Thüringen. Zwischen dem Naturpark Südharz bis zur Goldenen Aue und zum Kyffhäusergebirge mit dem Barbarossa-Denkmal (Foto S. 19 oben) erstreckt sich diese wunderschöne Hügellandschaft. Zugleich ist sie ein wahres Mekka für Wanderer und Biker. Von einigen Aussichtstürmen erhält man bei guter Sicht einen Panoramablick zum wildwüchsigen Harzgebirge mit dem spektakulären Brocken, der aber zu Sachsen-Anhalt gehört.

Das Herz des thüringischen Harzvorlandes schlägt in der größten Stadt dieser Region in Nordhausen. Hier erlebt man z. B. beim Besuch des Korngeschichtsmuseums Jahrhunderte alte Branntwein-Tradition.

Die Harzer Bergleute nahmen zu Zeiten, als es noch keine moderne Sicherheitstechnik unter Tage gab, einen Kanarienvogel im Käfig mit in den Schacht. Verschlechterte sich die Luftqualität, hörte der Vogel auf zu singen. Dem rollenden Vogelgesang entsprechend nannte man den „Untertage-Vogel" Harzer Roller. Das muss wohl die Käsemacher des Harzvorlandes inspiriert haben, ihre Käsespezialität aus entrahmter Sauermilch in Rollenform herzustellen und ihn auch so zu nennen. Den Harzer Käse gibt es aber auch als Stangenkäse. Sein charakteristisches Aroma und seinen typischen Geschmack erhält er durch Zugabe von Kümmel. Im Lauf des Reifeprozesses wird der anfangs weiße Kern immer kleiner und der Geruch nimmt dafür zu. So ist beim gut gereiften Harzer Käse der Ausdruck „Stinkerkäse" nicht ganz unberechtigt.

Marinierter Harzer Rollenkäse mit Kräuterquark

300 g Harzer Rollenkäse

1 mittelgroße rote Zwiebel

je nach Größe 4 – 6 Radieschen

1 TL Kümmel

1 EL Weißweinessig

2 EL Sonnenblumenöl

200 g Magerquark

2 EL gehackte Blattpetersilie

2 EL in feine Röllchen geschnittener Schnittlauch

100 g saure Sahne

3 EL Naturjoghurt

Salz, Pfeffer aus der Mühle

Den Rollenkäse in zentimeterdicke Scheiben und die gepellte rote Zwiebel in nicht zu lange, dünne Streifen schneiden. Die Radieschen halbieren und in dünne Halbmonde schneiden. Alles miteinander unter Zugabe von Kümmel sowie Essig und Öl gut vermischen. Danach die Schüssel mit Klarsichtfolie verschließen und etwa **15 Minuten** marinieren lassen. In der Zwischenzeit den Magerquark mit der sauren Sahne und dem Joghurt gründlich verrühren. Die Schnittlauchröllchen und die gehackte Blattpetersilie unterheben und mit Salz und Pfeffer aus der Mühle abschmecken. Den marinierten Käse auf Tellern hoch anrichten und mit Kräutern sowie eventuell vorhandenen Schnittlauchblüten garnieren. Den Kräuterquark separat in kleinen Glasschalen anrichten und dazu stellen. Dazu schmeckt frisches Bauernbrot.

Tipp: Wer nicht gern auf Kümmelsamen beißt, kann auch gemahlenen Kümmel zum Marinieren verwenden.

Weil es im Gegensatz zu gemästeten Rinderrassen nicht die besten ökonomischen Ergebnisse liefert, wurde das Harzer Rote Höhenvieh lange Zeit vernachlässigt. Dabei ist seine Fleischqualität exzellent: Es ist saftig, kräftig im Geschmack und fein marmoriert. Aus geeigneten Fleischteilen lässt sich mit viel Erfahrung und Sachverstand sowie einer gehörigen Portion Geduld ein luftgetrockneter Schinken herstellen, der als regionale Spezialität gilt. Das sogenannte Harzer Hobelfleisch braucht den Vergleich zum Schweizer Bündnerfleisch nicht zu scheuen. Es muss ebenso hauchdünn und gegen die Fleischfaser – eben wie gehobelt – aufgeschnitten werden, damit es seinen wahren Genuss entfalten kann.

Harzer Hobelfleisch mit Apfelküchlein und Meerrettichcreme

Apfelküchlein:

2 Eier, 150 ml Weißwein

1 EL Öl, 140 g Weizenmehl

4 säuerliche Äpfel

3 Zweige Salbei oder nach Geschmack

Salz, Pfeffer

Pflanzenfett zum Frittieren

Die Eier trennen. 100 ml Weißwein mit 100 ml Wasser mischen und die beiden Eigelb darin gut verrühren. Das Öl zugeben und nach und nach das Weizenmehl unterrühren, sodass sich keine Klümpchen bilden. Den Weinteig mit Salz und Pfeffer würzen und zugedeckt bei Raumtemperatur ausquellen lassen.

In der Zwischenzeit mit dem Apfelausstecher aus den Äpfeln das Kerngehäuse ausstechen und die Äpfel in etwa 1 cm dicke Scheiben schneiden und mit dem restlichen Weißwein übergießen.

Nun das Eiweiß zu steifem Schnee schlagen. Die Salbeiblättchen in sehr feine Streifen schneiden. Nach der Ruhezeit des Weinteiges den geschnittenen Salbei und den Eischnee unter den Weinteig heben. Das geht am besten mit einem

Meerrettichcreme:

150 ml saure Sahne

3 TL geriebener Meerrettich

1 Prise Zucker, Salz

Außerdem:

80 g Harzer Hobelfleisch

Gummischaber. Nun die Apfelscheiben nacheinander in etwas zusätzlichem Mehl wenden und mit einer Gabel durch den Weinteig ziehen. Danach im erhitzten Pflanzenfett die Apfelringe knusprig goldgelb ausbacken. Mit einer Schaumkelle herausnehmen und auf Küchenkrepp abtropfen lassen und warm stellen.

Für die Meerrettichcreme die saure Sahne und den Meerrettich gut miteinander verrühren und mit etwas Salz und Zucker abschmecken.

Jeweils 4 – 5 Apfelringe pro Portion überlappend anrichten. Auf der einen Seite mit Meerrettichcreme überziehen und auf der anderen Seite die hauchdünnen Scheiben vom Hobelfleisch – etwas zusammengeknüllt, aber dekorativ anlegen.

Das ist eine sehr schmackhafte Vorspeise oder auch ein kleiner Nordthüringer Hauptgang.

Harzer Höhenvieh

23

Regenbogenforellen und ihre verwandten Bachforellen besiedeln die Oberläufe von Selke, Bode, Wipper und Thyra. In mehreren Harzer Stadtwappen findet man die Forelle auch als Wappentier. Das deutet darauf hin, dass insbesondere die Teichwirtschaft, gespeist von den kristallklaren Harzer Bächen einst von den Mönchen angelegt und betrieben wurde. Vorwiegend sind es die Regenbogenforellen, die bei den Harzer Anglern heute wieder äußerst beliebt sind.

Gegrillte Harzer Forelle

*4 küchenfertige Forellen
à ca. 250 – 300 g*

3 Bio-Zitronen

50 ml Olivenöl

1 Bund glattblättrige Petersilie

80 g Butter

grobes Meersalz

Pfeffer aus der Mühle

Die Haut der küchenfertigen, gesäuberten Forellen auf jeder Seite mit einem sehr scharfen Messer mehrfach schräg einritzen. Nun die Fische innen und außen mit Olivenöl einreiben und mit Pfeffer und Salz würzen. Von 2 Zitronen die Schale mit einer feinen Reibe abreiben. Die abgeriebenen Zitronen in Scheiben schneiden und die Scheiben zusammen mit der gewaschenen Petersilie in die Bauchräume der Forellen füllen. Nun die gefüllten Forellen auf ein Backblech legen und mit Butterflöckchen belegen. Die 3. Zitrone halbieren und mit den Schnittflächen ebenfalls auf das Backblech setzen. Backofen in der Grillfunktion auf **200 °C** vorheizen und die vorbereiteten Forellen etwa **6 bis 7 Minuten** in den Ofen geben. Danach wenden und weitere **6 Minuten** grillen. Die Fische sollten rundum braun und knusprig sein. Die gerösteten Zitronenhälften über den Forellen ausdrücken und mit knackfrischen Blattsalaten, Petersilienkartoffeln oder einer anderen Beilage nach Wahl servieren.

Harzer Blaubeersuppe mit Grießklößchen

600 g Blaubeeren,
frisch oder TK

60 g brauner Rohrzucker

1 EL Speisestärke

300 ml Apfelsaft

Für die Grießklößchen:

1/2 l Milch, 40 g Zucker

40 g Vanillezucker

40 g Butter

100 g Hartweizengrieß

2 Eier, 1 Prise Salz

100 g gehackte Haselnüsse

Die mit dem Rohrzucker vermischten Blaubeeren zusammen mit dem Apfelsaft kurz aufkochen. In etwas vorab abgenommenem Saft die Speisestärke verrühren und damit die Blaubeersuppe binden. Nun gleichmäßig in vier Suppenteller aufteilen und auskühlen lassen. Inzwischen die Milch mit dem Zucker, dem Vanillezucker, der Butter und der Prise Salz zum Kochen bringen und den Grieß einrühren. Den Grieß gut ausquellen lassen, die Hitzezufuhr unterbrechen und die aufgeschlagenen und verrührten Eier unterrühren. Die Grießmasse abkühlen lassen und dann mit einem Teelöffel Klößchen abstechen, die im siedenden, leichten Salzwasser gegart werden, bis sie an die Oberfläche steigen. Mit einer Schaumkelle die Klößchen aus dem Wasser heben, gut abtropfen lassen und auf der Blaubeersuppe verteilen. Haselnüsse in einer trockenen Pfanne kurz rösten und vor dem Servieren die Suppe damit bestreuen. Die Blaubeersuppe kann man warm oder auch gekühlt genießen.

Die Thüringer Landeshauptstadt Erfurt und die Thüringer Tiefebene

Natürlich ist bei der Erkundung Thüringens die Landeshauptstadt Erfurt das Juwel mit unzähligen Sehenswürdigkeiten wie z. B. der Krämerbrücke (Bild S. 26 oben). Das fruchtbare und erlebenswerte Umland Erfurts führt den Besucher zu den Fahnerschen Höhen, ins Thüringer Spargelland mit den Orten Herbsleben und Kutzleben, durch die Thüringer Tiefebene zu den Heldrunger Zwiebelfeldern bis hin zum Südrand des Kyffhäusergebirges, wo sich der Kreis wieder schließt. Noch ein Satz zur ebenso jungen wie alten Landeshauptstadt: Erfurt ist eine phantastische Stadt mit einer wunderbaren Altstadt, Erfurt ist Stadt und Dorf zugleich, Erfurt ist eine traditionsreiche Blumen- und Gartenstadt mit der grandiosen ega. Die Stadt hat – ohne den Dresdnern zu nahe treten zu wollen – für mich den wahrscheinlich schönsten Weihnachtsmarkt Deutschlands.

Im Hinblick auf die Erntemenge vom Frühlingsgemüse „Nummer 1" kann das kleine Thüringen keine Spitzenposition belegen. Da sind Niedersachsen, Bayern, NRW und auch Brandenburg ganz klar vorn. Dennoch hat der Spargelanbau nordwestlich von Erfurt eine 200 Jahre lange Tradition. Insbesondere in Herbsleben und Kutzleben wächst das „Gemüse der Götter" auf einem humosen Lößlehmboden und ist von ganz besonders vorzüglichem Geschmack. Die Spargelfeste der Region sind der Höhepunkt der Spargelsaison und Scharen von Spargelpilgern lassen die sonst so beschaulichen Orte aus allen Nähten platzen. Das folgende Rezept zeigt, dass der Spargel auch mit Wildkräutern bestens harmoniert.

Spargelsüppchen mit Wildkräutern und Fleischklößchen

300 g weißer Spargel

Salz, Zucker

30 g Butter, 1 EL Öl, 1 Zwiebel

30 g Weizenmehl

1/4 l Milch

1 l Spargelfond

50 g Bärlauch, Sauerampfer oder Brunnenkresse

weißer Pfeffer

200 g gut gewürztes, feines Thüringer Bratwurstbrät

Tipp: Wer keinen Dampfgarer besitzt bereitet den Spargel auf klassische Art zu: Spargel waschen und schälen, in 3 – 4 cm lange Stücke schneiden und in leicht gesalzenem Wasser gar kochen. Den Spargel abgießen, dabei das Spargelwasser auffangen und als Fond verwenden.

Den Spargel schälen, holzige Enden abschneiden. Spargelschalen und -enden mit etwas Salz und 1 Prise Zucker in 1 l Wasser geben und den Spargelfond kochen.

In einem Topf die Butter mit dem Öl auslassen und die in feine Würfel geschnittene Zwiebel darin glasig dünsten. Nun das Mehl zugeben und gut rösten, ohne dass es Farbe nimmt. Mit kalter Milch den Ansatz glatt rühren und mit heißem abgeseihten Spargelfond auffüllen.

Den geschälten Spargel etwas schräg in dünne Scheibchen schneiden und im Dampfgarer ca. **4 Minuten** garen, sodass sie noch etwas „Biss" haben. Aus dem Bratwurstbrät kleine Klößchen formen und ebenfalls möglichst im Dampfgarer etwa **5 Minuten** garen. Nun Spargelscheiben und die Fleischklößchen in die mit Salz und weißem Pfeffer abgeschmeckte Suppe geben. Bärlauch, Sauerampfer oder Brunnenkresse gut waschen, trockenschütteln und in sehr feine Streifen schneiden. Die Kräuter erst zum Servieren in die Teller geben. Dann die heiße Suppe darüber gießen. So kann man die Kräuter auch weglassen, wenn sie jemand nicht mag und vor allem bleiben die Vitamine bestens erhalten.

Kutzlebener Erdbeer-Spargel-Salat mit Walnusseis

600 g frische Erdbeeren

200 g weißer Spargel

weißer Balsamicoessig, nach Geschmack

1 kleines Bund frische Minze

etwas Zucker

1 TL grüne Pfefferkörner

200 g Walnusseis

Erdbeeren waschen und putzen, dann in hauchdünne Blättchen schneiden. Spargel schälen, holzige Enden entfernen, ebenfalls in zarte Scheibchen schneiden. Alles gut miteinander mischen, mit Zucker und weißem Balsamicoessig marinieren. Vier Minzezweige ganz lassen, die restlichen Blättchen in sehr feine Streifen schneiden und ebenfalls unterheben. Die grünen Pfefferkörner aus der Lake nehmen, unter fließendem Wasser abspülen und gut abgetropft zum Salat geben. Nochmals vorsichtig vermischen, dann den Salat etwa **10 Minuten** marinieren lassen. Auf vier Tellern anrichten, in der Mitte eine leichte Vertiefung lassen. Dort je eine Kugel Walnusseis hineingeben. Mit den Minzezweigen (oder Zitronenmelisse) garnieren.

29

Vielleicht essen die Thüringer gern Kaninchenfleisch, weil sogar eine Kaninchenrasse nach ihnen benannt ist? Die „Thüringer" sind eine mittelgroße, recht häufig gezüchtete Kaninchenrasse, die perfekt für die Fleischproduktion geeignet ist. Ich weiß aber, dass die Tradition der Thüringer Kaninchenzucht aus der Zeit stammt, als die Lebensmittelgeschäfte noch nicht so prall wie heute mit Fleisch gefüllt waren. Einst bezeichnete man Kaninchen als „Wild der armen Leute". So gilt es seit jeher, dass ein Kaninchenbraten zu den besonderen Höhepunkten im Thüringer Küchenalltag zählt.

Gefülltes Kaninchen aus der Schmorpfanne

Zutaten für 6 – 8 Personen:

1 altbackenes Brötchen

600 g Hackfleisch

2 mittelgroße gepellte Zwiebeln

2 – 3 Knoblauchzehen, nach Geschmack

1 Ei

1 küchenfertiges Kaninchen ca. 2,5 – 3 kg

Salz, Pfeffer, Senf, 50 ml Öl

Brötchen in Wasser einweichen, gut ausdrücken. Falls noch vorhanden, die Kaninchenleber fein hacken oder schaben und zum Hackfleisch geben, wie auch 1 fein gewürfelte Zwiebel und die Hälfte der ganz fein gehackten, gepellten Knoblauchzehen. Das zerpflückte Brötchen und das verquirlte Ei zufügen, mit Salz und Pfeffer würzen. Alles gründlich miteinander verkneten und einen länglichen Laib daraus formen. Das Kaninchen innen mit einer Salz-Pfeffer-Mischung gleichmäßig ausreiben. Danach den Bauchraum des Kaninchens mit Senf ausreiben, das verhindert das Verbrennen der Außenseite beim Anbraten und das Kaninchenfleisch erhält trotzdem die gewünschte Senfnote. Nun die Hackfleischfüllung in den Bauchraum drücken und die Bauchlappen mit Nadel und Küchengarn zunähen. Das Kaninchen auch von außen mit Pfeffer und

100 g geschälte Möhre

50 g geschälter Sellerie

100 g geputzter Porree

100 g durchwachsene Speckwürfel

50 g Tomatenmark

1/2 l Fleischbrühe

1 kleiner Zweig Thymian

1 Lorbeerblatt

100 ml Rot- oder Weißwein

Johannisbrotkernmehl oder Speisestärke

50 ml Küchensahne

Salz würzen und im erhitzten Öl in einem passenden Bräter rundum gut anbraten.

In der Zwischenzeit das Bratgemüse einschließlich der zweiten Zwiebel in grobe Würfel schneiden und den restlichen Knoblauch andrücken. Das Kaninchen aus dem Bratensatz nehmen und die Speckwürfel darin auslassen. Bratgemüsewürfel und Knoblauch dazugeben und alles zusammen kräftig anrösten. Auch das Tomatenmark kurz mitrösten und dann das angebratene Kaninchen wieder zugeben. Nun die Fleischbrühe angießen, das Lorbeerblatt und den Thymianzweig zugeben und den Deckel des Bräters schließen. Im vorgeheizten Backofen den Kaninchenbraten bei **180 °C** etwa **1 1/2 Stunden** schmoren. Kurz vor Ende der Garzeit den Braten mit dem Wein begießen. Wenn das Kaninchenfleisch gar ist, den Braten aus dem Bratensatz nehmen und den Faden entfernen. Nun den Braten tranchieren, d.h. die einzelnen Fleischteile vom Rumpf trennen und die Füllung in dicke Scheiben schneiden. Die Kaninchenteile mit Sahne bepinseln und bei Oberhitze noch kurz knusprig backen. Den Bratensatz durch ein Sieb passieren und mit Johannisbrotkernmehl oder angerührter Speisestärke leicht binden. Die Soße nochmals abschmecken und separat zum Braten reichen. Dazu passen Rotkohl, Rosenkohl oder auch ein Mischgemüse, Thüringer Klöße oder eine andere Beilage nach Wahl.

In Thüringen wird der Weihnachtsstollen oft Schittchen oder auch Scheitchen genannt. Die Bezeichnung rührt daher, dass man früher zum Eindrücken der charakteristischen Längskerbe in den Hefeteig ein sauberes Holzscheit benutzte.

Meine Großmutter schichtete schon Tage vor dem eigentlichen Backen die Mehltüten hinter dem Kachelofen auf. Schließlich wurde immer eine große Menge Stollen hergestellt und da musste das Mehl wohltemperiert und griffig sein. Auch alle übrigen wertvollen Zutaten von Rosinen über Mandeln bis zu Zitronat und Orangeat wurden lange vor dem Backtag „zusammengetragen".

Der aufgegangene Schittchenteig wurde in einer Holzmulde mit warmen Tüchern bedeckt zum Bäcker transportiert. Der Bäcker formte die rohen Schittchen und legte sie auf mitgebrachte große, runde Kuchenbretter. In jeden Schittchenlaib kam ein Schildchen aus Holz oder Metall mit dem Familiennamen. Die Schildchen sicherten, dass jeder seine eigenen Schittchen nach dem Backen zurückbekam. Hier das überlieferte Schittchen-Rezept meiner Großmutter, das sie vom Tabarzer Bäckermeister Kehl übernommen hatte.

Tipp: Die fertigen Schittchen sollten vor dem Anschneiden mindestens 1 Woche kühl lagern. Am besten bewahrt man Schittchen in verschlossenen, irdenen Gefäßen auf oder hüllt sie zuerst in Frischhaltefolie und dann noch in Alufolie.

Thüringer Schittchen (oder Scheitchen)

Zutaten für 3 Stollen à 1 kg

Grundteig:

1,5 kg Weizenmehl

250 g Zucker

2 – 3 Würfel (à 42 g) frische Hefe

400 ml lauwarme Vollmilch

Weitere Zutaten:

500 g Rosinen

ca. 80 ml brauner Rum (40 Vol.-%)

je 500 g Butter, geriebene Mandeln, Zitronat und Orangeat (gemischt)

1 – 2 Eier, nach Größe

1 leicht gehäufter TL Salz

abgeriebene Schale und Saft von 1 unbehandelten Zitrone

40 g Vanillezucker

Nach dem Backen:

250 g Butter, Puderzucker

6 Pck. Vanillezucker

Die Rosinen über Nacht im Rum einweichen.

Am Backtag das Hefestück möglichst großflächig ansetzen, d.h. die zerbröckelte Hefe in einer entsprechend großen Mehlmulde mit der lauwarmen Milch vermischen. An einem zugfreien warmen Platz, abgedeckt **60 bis 90 Minuten** gehen lassen. Danach Zucker, Vanillezucker, Butter, Eier und Salz unterkneten. Die Rum-Rosinen mit etwas Mehl bestreuen und ebenfalls unter den Teig kneten. Nun Zitronenschale und Saft sowie Zitronat, Orangeat und die geriebenen Mandeln dazugeben. Den Teig nochmals etwa **2 Stunden** am warmen Ort abgedeckt gehen lassen. Dabei soll er sich im Volumen mehr als verdoppeln. Danach nochmals kneten und drei etwa 1 Kilogramm schwere Schittchen wie Brote formen. Entweder man drückt in die Mitte längs eine Kerbe hinein oder man schlägt den dick ausgerollten Teig so übereinander, dass in der Mitte eine Vertiefung entsteht. Auf einem mit Backpapier ausgelegten Backblech die Schittchen bei **180 °C** etwa **1 bis 1 1/2 Stunden** goldbraun backen. Steht am Backofen die Funktion Hydrobacken zur Verfügung, dann sollte man diese nutzen. Andernfalls tut eine Schale, die mit Wasser gefüllt wurde, im Ofen gute Dienste. Nach dem Backen die noch warmen Schittchen mit der zerlassenen Butter bestreichen und mit reichlich Puderzucker dick bestäuben. In die Vertiefung in der Mitte des Schittchens streut man noch zusätzlich Vanillezucker.

Das Ilmtal mit dem Weimarer Land

Wer auf seiner Thüringen-Entdeckungsreise eher romantische Fleckchen bevorzugt, der sollte unbedingt den Flusslauf der Ilm besuchen. Mit dem Fahrrad auf dem Ilmtal-Radweg kann man zum Teil noch intakte und gepflegte Mühlen kennenlernen.

Auch zu Fuß begegnen einem auf Schritt und Tritt geschichtsträchtige Orte und meistens war Goethe auch bereits dort. Über Bad Berka erreicht man das „Sahnehäubchen" an der Ilm - die Klassikerstadt Weimar. Das Weimarer Land geht noch ein

ganzes Stück weiter und führt über die Glockenstadt Apolda geradewegs an dem Napoleonischen Schlachtfeld von Jena und Auerstädt vorbei nach Bad Sulza, wo sogar Weinbau vom Feinsten betrieben wird.

In Weimar ticken die Uhren schon lange etwas anders, als im restlichen Thüringer Land. Das mag sicher etwas mit den berühmten Persönlichkeiten der klassischen Zeit zu tun haben, aber irgendwie spielt die Stadt auch immer eine gewisse Sonderrolle, auch in der unrühmlichen Zeit des dritten Reiches. Das Ergebnis kennen nicht nur die Thüringer. Eine zerbombte Stadt und unzählige Tote

im Konzentrationslager Buchenwald. Heute erstrahlt die Stadt schöner denn je und wer Geschichte live erleben möchte, sollte einen Besuch der Stadt an der Ilm auf keinen Fall verpassen. Kulinarisch kann man hier natürlich das ganze Programm Thüringens erleben und dennoch: der aufmerksame und neugierige Besucher kann darüber hinaus einige Besonderheiten entdecken. Vor allem ohne

die Zwiebel geht hier wirklich nichts: Weimarer Zampe mit Speck und Zwiebeln, Zwiebel- und Speckkuchen und natürlich die Weimarer Zwiebelsuppe. Alle Spezialitäten erhalten den ganz besonderen Kick, wenn man sie auf dem berühmten Weimarer Zwiebelmarkt alljährlich am zweiten Oktoberwochenende verspeist.

Weimarer Zwiebelkuchen

Für 1 Backblech 30 x 40 cm

Teig:

150 ml Milch

25 g Hefe

300 g Weizenmehl

100 g Margarine, 1 Ei

1 Prise Salz, 1 Prise Zucker

Belag:

1 kg gepellte Zwiebeln

60 ml Öl (z. B. Sonnenblume oder Raps)

125 ml Vollmilch

1/4 l saure Sahne

3 Eier

10 g Kümmel

Salz, Pfeffer

Für den Teig die lauwarme Milch in eine Schüssel geben, die Hefe hinein bröseln. Danach alle anderen Teigzutaten zufügen und gut miteinander verkneten. Den Teig am warmen Ort mit einem sauberen Küchentuch bedeckt etwa **1 Stunde** gehen lassen.

Inzwischen die Zwiebeln halbieren und in dünne Streifen schneiden. Das Öl in einer Pfanne erhitzen und die Zwiebelstreifen darin braten, ohne dass sie Farbe nehmen. Mit etwas Salz würzen und auskühlen lassen. Nun den Teig nochmals durchkneten und mit dem Rollholz auf die Blechgröße ausrollen. Das Kuchenblech leicht fetten, mit dem Teig belegen und an den Rändern ein wenig nach oben drücken. Den Teig mit einer Gabel einige Male einstechen und nochmals etwa **5 Minuten** gehen lassen. Dann die erkaltete Zwiebelmasse gleichmäßig auf dem Teig verteilen. Nun die drei Eier gut verquirlen, dann mit der Milch und der sauren Sahne gut verrühren. Die Eiermasse gleichmäßig auf die Zwiebelmasse gießen und mit Kümmelkörnern bestreuen. Zwiebelkuchen auf der mittleren Schiene des auf **190 °C** vorgeheizten Backofens und bei Ober-/Unterhitze **45 Minuten** goldbraun backen. Am besten schmeckt er noch ofenwarm.

Schneller Speckkuchen Thüringer Art

Für 1 Backblech:

6 Eier, 500 ml Milch

200 g Mehl

2 Zwiebeln

200 g geriebener Emmentaler

200 – 250 g gewürfelter Schinkenspeck

1/2 TL Paprikapulver

Eier und Milch ordentlich miteinander verquirlen. Mehl dazugeben und ebenfalls gut unterrühren. Zwiebeln abziehen und fein würfeln. Zwiebelwürfel, geriebenen Käse und Speckwürfel unter die Ei-Mehl-Masse heben und mit Paprikapulver würzen. Ein Backblech mit Backpapier auslegen oder einfetten. Den Teig darauf gleichmäßig verteilen und im Backofen bei **175 °C bis 200 °C** backen.

Der Speckkuchen schmeckt warm aber auch kalt. Dazu passt ein frischer bunter Salat.

Weimarer Zwiebelsuppe mit Käsecroûtons

200 g gepellte Zwiebeln

100 g geputzter Porree

2 EL Speiseöl

1 TL Tomatenmark

1 l kräftige Rinderbrühe

100 ml Pilsener Bier

Majoran, Kümmel

Salz, Pfeffer, 1 Prise Zucker

100 g Reibekäse

1 kleines Eigelb

etwas Senf

1 Scheibe Roggenbrot

1 kleines Bund Schnittlauch

Knoblauchgrün,
nach Geschmack

Die gepellten Zwiebeln in Streifen schneiden, ebenso den gründlich gewaschenen Porree. Die Zwiebeln im erhitzten Öl goldgelb rösten, die Lauchstreifen zugeben und kurz mitschwitzen. Nun das Tomatenmark zugeben und unter Rühren gut anrösten. Jetzt die Brühe zugießen und mit Salz, Pfeffer, Majoran, einer Prise Zucker und mit Kümmel (evtl. gemahlenen Kümmel verwenden) würzen. Eine besondere Note erhält die Suppe durch die Zugabe von fein geschnittenem Knoblauchgrün.

Das Roggenbrot toasten und mit einem kleinen Ausstecher runde Taler ausstechen. Den Reibekäse mit dem Eigelb, etwas Senf, Pfeffer und Salz vermengen und die Masse mit einem Esslöffel pyramidenförmig auf die getoasteten Roggenbrottaler streichen und im Ofen bei Oberhitze knusprig gratinieren. Auf die Zwiebelsuppe die Croûtons setzen und mit feinen Schnittlauchröllchen bestreut die Suppe sofort servieren.

Tipp: Das Rezept entstand in den 1990er Jahren im Weimarer Traditionsgasthaus „Zum weißen Schwan".

Weimarer Zampe mit gebratenen Rotwurstscheiben

100 g Zwiebeln

1 – 2 Äpfel

1 kg mehlig kochende Kartoffeln

2 EL Kartoffelmehl

100 ml Vollmilch

50 g Butterschmalz

200 g Rotwurst

50 g Weizenmehl

2 EL Öl, Salz

Zwiebeln pellen, je nach Größe halbieren oder vierteln und in feine Streifen schneiden. Äpfel vom Kerngehäuse befreien und in fingerdicke Scheiben schneiden. Die geschälten Kartoffeln als Salzkartoffeln garen, abgießen, abdämpfen und durch die Kartoffelpresse drücken. Das Kartoffelmehl und etwas Milch zugeben und zu einem zähen Brei verarbeiten. Mit Salz abschmecken. Aus dem Brei etwa zentimeterdicke, untertassengroße Fladen formen und diese in erhitztem Butterschmalz in der Pfanne von beiden Seiten knusprig goldbraun braten und danach warmstellen.

In einer zweiten Pfanne im restlichen Butterschmalz die Apfelringe beidseitig kurz andünsten, aus der Pfanne nehmen und ebenfalls warmstellen. Rotwurst in fingerdicke Scheiben schneiden und kurz im Mehl wenden. Zum Bratensatz in der „Apfelpfanne" etwas Öl geben und die Rotwurstscheiben von beiden Seiten knusprig braten. Herausnehmen und die Zwiebelstreifen im Bratensatz glasig dünsten. Auf die Zampefladen die Apfelringe legen, darauf die Blutwurstscheiben arrangieren und obenauf die Zwiebelstreifen verteilen. Wer mag, kann zusätzlich noch die Zwiebelstreifen mit etwas Majoran aromatisieren und mit einer knusprig gebratenen Speckscheibe garnieren.

Sauerbraten ist nicht gleich Sauerbraten. Deutschlandweit gibt es beträchtliche Unterschiede. Eines haben aber alle Rezepte gemein. Das ist die saure Marinade, in die das Fleisch eingelegt wird. Sie gibt ihm den unverwechselbaren Geschmack und macht es zart. Zum herzhaften Sauerbraten passt natürlich perfekt Wurzelgemüse wie Möhre, Sellerie, Pastinake oder auch Porree. Das brachten die Heldrunger Zwiebelbauern in allerbester Qualität traditionell zum Zwiebelmarkt mit.

Heldrungen liegt im Kyffhäusergebiet und der dort vorhandene Lös-Schwemmboden der Unstrut lässt das Gemüse besonders gut gedeihen. So entstand das Rezept für den Heldrunger Sauerbraten mit Wurzelgemüse.

Heldrunger Sauerbraten

Beize:

1/4 l Rotweinessig

2 Lorbeerblätter

8 Wacholderbeeren

4 Pimentkörner

1 TL ganze Pfefferkörner

1 Bund Suppengrün

1 Zitrone

2 mittelgroße Zwiebeln

1/4 l Rotwein

Für die Beize 1/2 l Wasser mit dem Essig zum Kochen bringen. Lorbeer, Pfefferkörner, Piment und Wacholder zugeben sowie auch das geputzte Suppengrün, die in dicke Scheiben geschnittene Zitrone und die in Keile geschnittenen Zwiebeln. Auf kleiner Flamme etwa **5 Minuten** köcheln lassen und dann vom Feuer nehmen. Nun den Rotwein zugeben und auskühlen lassen. Die ausgekühlte Marinade in ein passendes Gefäß geben, das parierte Bratenstück hinein legen und gut verschlossen **3 bis 4 Tage** kühl aufbewahren. Am Tag der Zubereitung das Fleisch aus der Marinade nehmen, mit Küchenkrepp trocken tupfen und mit Pfeffer und Salz rundum gut würzen. Das Butterschmalz in einem Bräter erhitzen und den in Würfel geschnittenen durchwachsenen Speck darin auslassen. Nun jeweils 100 g von Sellerie, Möhre, Zwiebel und Porree, in grobe Würfel geschnitten,

Braten:

*1 kg Rinderbratenstück aus der
Keule oder Schulter*

....

Salz, Pfeffer

....

50 g Butterschmalz

....

100 g durchwachsener Speck

....

150 g geputzte Sellerieknolle

....

150 g geschälte Möhren

....

150 g geputzter Porree

....

200 g gepellte Zwiebel

....

100 g geschälte Pastinake

....

50 g kalte Butter

....

4 EL saure Sahne

....

Tipp: So ein Sauerbraten will
geplant sein. Mindestens zwei
bis drei Tage sollte er in der Marinade liegen. Auch wenn man
heute fertig mariniertes Fleisch
kaufen kann, die individuelle
Note bewahren Sie nur, wenn
Sie ihn selbst einlegen. Es lohnt
sich!

im Bratensatz als Röstgemüse anrösten und das gewürzte
Bratenstück zugeben. Die abgeseihte Beize zugeben und
das Ganze zugedeckt im vorgeheizten Ofen bei **180 °C** etwa
2 Stunden schmoren. Danach den Braten herausnehmen
und warm halten. Den Bratensatz durch ein Sieb abseihen
und noch etwas einkochen lassen. Die kalte Butter in kleinen Stücken unterrühren und die saure Sahne zugeben.
Mit Salz und Pfeffer gegebenenfalls nachwürzen.
Das restliche Gemüse einschließlich Pastinake in sehr feine
Streifen schneiden und kurz blanchieren. Danach die Wur-
zelgemüsestreifen in wenig Butter anschwenken leicht mit
Pfeffer und Salz würzen. Den Braten in fingerdicke Scheiben schneiden, mit der Soße überziehen und mit Wurzel-
gemüsestreifen umlegen. Dazu schmecken natürlich Thüringer Klöße.

Ostthüringen mit dem Thüringer Vogtland

Der Thüringer Teil der Region im Vierländereck von Sachsen, Bayern, Thüringen und Böhmen breitet sich zwischen Altenburger Land und Zeulenroda, Bad Köstritz und Greiz aus. Neben den genannten sind weitere bekannte Städte Altenburg oder Bad Lobenstein, im Ostthüringer Teil Jena oder Gera.

Die Nähe zu Sachsen zeigt sich, vor allem im Thüringer Vogtland, auch in der Küche, wie an den folgenden Rezepten leicht zu erkennen ist. Eines davon ist das Warme Eckchen, das vornehmlich aus Sachsen stammt und bestimmt dem einen oder anderen Leser ein Begriff ist. In so mancher (vor allem sächsischen) Gastlichkeit wurde es als Abendgericht zum Bier angeboten und ist wohl bis heute angesagt.

Warmes Eckchen

Recht dick geschnittene Brotkanten oder -scheiben werden mit Schweinebraten belegt und mit reichlich heißer Bratensoße übergossen. Das Brot sollte gut mit der Soße durchtränkt sein. Garniert mit Gewürzgurke oder sauer eingelegtem Gemüse und umlegt mit den (einstigen) Klassikern Rot- und Weißkohlsalat oder auch mit Möhrensalat sind die würzigen Brotscheiben mit dem Schweinebraten eine echte Köstlichkeit.

Tipp: Nach Geschmack kann man den aufgelegten Schweinebraten auch noch mit etwas Senf und/oder Meerrettich bestreichen.

Hinlänglich bekannt ist, dass die Thüringer ihre geliebten Klöße zu allerlei Fleisch – vom Bratgeflügel bis zum Wildgulasch – lieben. Da klingt es schon sehr ungewöhnlich, wenn man weiß, dass in einem winzigen Gebiet ganz weit im Osten Thüringens – im sogenannten Thüringer Vogtland – Thüringer Klöße sogar zum Karpfen gegessen werden. Und als ob das noch nicht genug ist, komplettieren die Thüringer Vogtländer das Ganze sogar noch mit Rotkohl. Doch nach einer Kostprobe dieses Gerichtes lautet mein Resümee: Man kann sich dran gewöhnen.

Karpfen Vogtländer Art

1,5 kg küchenfertiger Karpfen

insgesamt 500 g gewaschenes und geputztes Gemüse (Möhre, Porree, Kohlrabi, rote Rübe, Sellerie und Petersilienwurzel)

80 g Butter

etwas Zitronensaft oder Essig

Salz, Pfefferkörner

1 Lorbeerblatt

1/2 l Fischfond

etwas Brotrinde

Den Karpfen schuppen und gründlich waschen, anschließend in Portionsstücke schneiden. Die Innenseiten salzen, die Hautseiten mit Zitronensaft oder Essig beträufeln. Butterflöckchen in eine Kasserolle geben. Darauf die Karpfenstücke schichten, unten die Kopfstücke, darauf die Mittel- und Schwanzstücke, obenauf das sogenannte Gebütt (Rogen oder Karpfenmilch). Nun das in Stifte geschnittene Gemüse darauf verteilen. Mit Salz, Pfefferkörnern und Lorbeer würzen und mit dem Fischfond begießen. Anfangs bei großer Hitze das Ganze zugedeckt zum Kochen bringen. Dann die Hitze reduzieren und etwa **45 Minuten** ziehen lassen. Nach etwa der Hälfte der Garzeit die zerpflückte Brotrinde zum Binden des Fonds zugeben. Den Fisch auf vorgewärmte Teller geben und das Gemüse mit dem Pürierstab pürieren und die Fischstücke damit saucieren. Oder man serviert das Gemüse stückig. Dazu Rotkohl und Klöße.

Thüringer Schüsselsülze

Zutaten für etwa 6 Portionen:

1 großes gepökeltes Eisbein

2 Spitzbeine vom Schwein

2 Lorbeerblätter

6 Pimentkörner

100 g gepellte Zwiebeln

2 gepellte Knoblauchzehen

100 g geschälte Möhre

50 g geschälte Sellerieknolle

100 g Gewürzgurke

6 Blätter Gelatine

3 EL Weißweinessig

Salz, Pfeffer, 1 Prise Zucker

1 TL ganzer oder gemahlener Kümmel

In 2 l leicht gesalzenem Wasser die sauberen und geputzten Spitzbeine mit dem Eisbein zum Kochen bringen. Den sich bildenden Eiweißschaum mit einer Schaumkelle immer wieder entfernen. Bildet sich kein Schaum mehr, Lorbeerblätter, Pimentkörner, Zwiebeln und Knoblauchzehen dazugeben. Alles etwa **1 1/2 Stunden** bei geringer Hitze garen. Danach Möhren und Sellerie dazugeben, die aber nicht zu weich gekocht werden sollen.

Inzwischen die Gewürzgurken würfeln. Das gare, aber nicht zu weich gekochte Fleisch sowie Möhre und Sellerie aus dem Sud nehmen. Das Fleisch vom Knochen lösen und in Würfel schneiden. Den Sud passieren und nochmals aufkochen, darin die in kaltem Wasser eingeweichte Gelatine auflösen und mit Salz, Pfeffer, Weißweinessig und 1 Prise Zucker abschmecken. Möhren und Sellerie ebenfalls würfeln. Mit dem Fleisch und den Gewürzgurkenwürfeln in eine Schüssel oder Form geben und mit dem Kümmel gut miteinander vermischen. Den abgeschmeckten Sud aufgießen und nach dem Erkalten abgedeckt oder mit Klarsichtfolie verschlossen in den Kühlschrank stellen.

Vor dem Verzehr die Schüssel kurz in heißes Wasser tauchen und die Sülze stürzen. Sülze in Scheiben geschnitten mit Brot oder knusprigen Bratkartoffeln auftragen. Dazu schmeckt ein Gemisch aus Essig, Öl und Zwiebeln oder auch ein Schnittlauch-Schmand.

Altenburger Topfbraten

Zutaten für 6 – 8 Portionen:

500 g Schweinekopf (Teile wie Backe, Schnauze und Ohr)

300 g Schweinebauch

2 Schweineherzen

2 ausgeschälte Schweinenieren

2 Lorbeerblätter

einige Pfefferkörner

4 – 5 Pimentkörner

150 g geputzter Sellerie

150 g geputzte Möhren

250 g gepellte Zwiebeln

3 EL Öl, Zucker, Essig

200 ml Gurkenbrühe

150 g saure Gurken oder Gewürzgurken

2 EL Pflaumenmus

100 g Soßenkuchen

nach Geschmack Majoran

Salz, Pfeffer

Sämtliche Fleischteile in kochendes Salzwasser geben und das Ganze etwa **2 bis 3 Stunden** sieden lassen. Den sich bildenden Eiweißschaum mit einer Schaumkelle immer wieder abschöpfen. Wenn sich kein Schaum mehr bildet, Lorbeer, Pfefferkörner und Piment sowie den in grobe Stücke geschnittenen Sellerie und Möhre dazugeben.

Das gare, aber nicht zu weiche Fleisch aus der Brühe nehmen. Das verwertbare Fleisch in grobe Würfel schneiden und in etwas abgeseihter Brühe warm stellen. Die in Streifen geschnittene Zwiebel im erhitzten Öl glasig schwitzen, mit etwas Zucker bestreuen, unter Rühren leicht bräunen und mit etwas Essig ablöschen. Nun die Gurkenbrühe, die in Scheiben geschnittenen Gurken und das Fleisch mit der Fleischbrühe dazugeben. Unter Rühren bei reduzierter Hitzezufuhr das Ganze mit dem geriebenen Soßenkuchen binden. Mit Pflaumenmus, etwas Majoran, Pfeffer, Salz und eventuell mit etwas Essig und 1 Prise Zucker abschmecken.

In Ostthüringen isst man dazu sehr gern Thüringer Klöße und legt diese direkt in den Topfbraten. Klingt alles etwas außergewöhnlich, aber der deftige Topfbraten ist wirklich lecker und gehört unbedingt in ein Kochbuch zur Thüringer Küche.

Die Rennsteigregion und
der Thüringer Wald

Man nennt ihn auch den bekanntesten Wanderweg Deutschlands, und es gibt unzählige Geschichten und Lieder über den knapp 170 Kilometer langen Kammweg Rennsteig. Er führt vom Mittellauf der Werra nahe Eisenach über die Höhenzüge des Thüringer Waldes bis zum Oberlauf der Saale und überquert das Thüringer Schiefergebirge und Teile des Frankenwaldes. Das Leben links und rechts des Weges mit dem markanten weißen „R" war früher nahezu ausschließlich von körperlich schwerer Arbeit geprägt und die Ernährung eher karg, aber trotzdem abwechslungsreich und wohlschmeckend. Insbesondere an den langen Winterabenden wurde eifrig gekocht und gebacken. Übrigens führt der Rennsteig auch in das weit über die Ländergrenzen bekannte Wintersportparadies Oberhof, dass auch im Sommer spektakuläre Sportstätten bereithält.

Die Thüringer Schnippelsuppe gehört zu den „Big Five" der Thüringer Küche, obwohl es wie bei vielen Gerichten kein allgemein gültiges Rezept für sie gibt. Sie wurde traditionell auf dem Höhenkamm des Thüringer Waldes gekocht und ist auch heute noch in verschiedenen Thüringer Regionen sehr beliebt. Der Wahl und Kombination des Gemüses ist keine Grenze gesetzt, nur sollte keines besonders hervor schmecken. Je nach Jahreszeit kann es variieren. Ihren Namen erhielt die Suppe von dem in Scheibchen geschnippelten Gemüse.

Schnippelsuppe

300 g geräucherte
Schälrippchen
....
1 Lorbeerblatt
....
5 – 6 Pimentkörner
....
je 100 g geputzte Karotten,
Porree, Sellerie, Rosenkohl und
geschälte Kartoffeln
....
2 EL Öl
....
1 mittelgroße gepellte Zwiebel
....
1 kleines Bund Petersilie
....
150 g Wiener Würstchen
....
1 EL Butter, Salz, Pfeffer
....
2 Scheiben Toastbrot

Die Rippchen in etwa 1 1/2 l Salzwasser ansetzen und langsam zum Kochen bringen. Nach dem Abschäumen das Lorbeerblatt und die Pimentkörner zugeben. Nach etwa **60 Minuten**, wenn sich das Fleisch leicht von den Knochen lösen lässt, herausnehmen, das Fleisch von den Knochen trennen und in Würfel schneiden. Die Brühe in einen anderen Topf seihen und das in feine Scheiben geschnittene Gemüse sowie die Kartoffelscheibchen in die Brühe geben und auf kleiner Flamme etwa **10 Minuten** garen. Mit Salz und Pfeffer abschmecken.

In einer Pfanne das Öl erhitzen und die in feine Würfel geschnittene Zwiebel darin glasig schwitzen. Nun die in dünne Scheiben geschnittenen Wiener Würstchen darin kurz schwenken und alles zusammen in die Suppe geben. Die fein gehackte Petersilie und die Fleischwürfel zugeben und die Suppe in tiefen Tellern anrichten. Obenauf die in Butter goldbraun gerösteten Brotwürfel streuen.

Tipp: Manche geben auch ausgelassene Speckwürfel über die Suppe, denn oft ist sie auch die Hauptmahlzeit. Ganz am südlichen Zipfel Thüringens in der Sonneberger Gegend heißt die Suppe übrigens Sumbarcher Schniedla und wird mit Essig abgeschmeckt.

Durch die Lage Thüringens in der Mitte Deutschlands kreuzten sich hier besonders viele Handelswege, wo oft Wegelagerer und Räuber auf Beutezug waren. So mussten die Fuhrmänner im Mittelalter oft echte „Haudegen" sein. In den einstigen Ausspannen Thüringens konnten sie sich stärken. Hier gab es gutes Essen, obwohl Vieles den heutigen Geschmack nicht mehr treffen würde. Der Fuhrmannsbraten ist aber ein gutes Beispiel dafür, dass eine Rinder-Hochrippe nach überliefertem Rezept zubereitet, auch heute noch Begeisterung auslösen kann.

Thüringer Fuhrmannsbraten

Zutaten für 4 – 6 Portionen:

1,5 kg hohe Rinderrippe

50 g Butterschmalz

250 g geputztes Bratgemüse (Zwiebel, Möhre, Sellerie, Petersilienwurzel)

100 g Tomate

400 ml kräftige Rinderbrühe

50 ml Sauerrahm

Salz, Pfeffer Paprika edelsüß

1 TL Kümmel

4 – 5 Pimentkörner

1 Lorbeerblatt

Das Fleisch rundum mit Pfeffer, Salz und Paprikapulver kräftig würzen und anschließend im erhitzten Butterschmalz von allen Seiten gründlich anbraten. Das Bratgemüse in nicht zu grobe Würfel schneiden und zum Braten geben. Öfter mit dem Rührholz umrühren, damit auch das Gemüse von allen Seiten Röststoffe entwickelt. Lorbeerblatt, Kümmel und Pimentkörner in ein kleines Leinen-Gewürzsäckchen oder in ein gut zu verschließendes Teesieb geben. Die in Keile geschnittene Tomate und die Rinderbrühe zum Bratensatz geben und das gut verschlossene Gewürzsäckchen in die Flüssigkeit legen. Den Deckel auf die Pfanne setzen und im vorgeheizten Ofen bei **180 °C** etwa **1 1/2 bis 2 Stunden** gar schmoren. Das weiche Fleisch aus dem Bratensatz stechen und in zentimeterdicke Scheiben schneiden. Gewürzsäckchen aus dem Bratensatz nehmen und Sauerrahm gut im Bratensatz verrühren. Nochmals abschmecken. Die Soße mit dem Schmorgemüse über die Bratenscheiben ziehen.

50

Waldreiche Regionen wie der Thüringer Wald bieten auch immer eine gute Kulisse für Räubergeschichten. Wie die bereits erwähnten Fuhrleute waren auch die Bauern der Region nicht vor räuberischen Überfällen sicher. So ist es nicht verwunderlich, wenn der Diebstahl eines Schweines zu einem leckeren Räuberbratenrezept führt. Das Rezept vom Thüringer Räuberbraten ist schon sehr alt und wird auch von unbescholtenen Menschen immer wieder gern zubereitet.

Thüringer Räuberbraten

Zutaten für 8 – 10 Portionen:

2 kg Schweinenacken, von Sehnen und Fett befreit, ohne Knochen

2 EL Tomatenmark

5 – 6 EL mittelscharfer Senf

200 g gepellte Zwiebeln

300 g Gewürzgurken

2 EL Öl

500 ml nach gesondertem Rezept selbst hergestellte oder übrig gebliebene, braune Bratensoße (s. S. 52)

Salz, Pfeffer

Schweinenacken wie einen Kamm in daumenbreite Scheiben schneiden, jedoch nicht ganz durchtrennen. Tomatenmark und Senf miteinander verrühren, die Zwiebeln in dünne Scheiben schneiden, Gewürzgurken längs in Stifte. Nun das Fleisch an den eingeschnittenen Seiten mit Salz und Pfeffer würzen und mit der Senf-Tomatenmark-Mischung gleichmäßig bestreichen. Zwiebel- und Gurkenstückchen ebenfalls gleichmäßig in den Fleischeinschnitten verteilen und das Ganze vorsichtig zusammendrücken, ohne dass die Füllung herausquillt. Pergamentpapier mit dem Öl fetten und den gefüllten Schweinenacken in mindestens vier bis sechs Papierlagen fest einpacken. Dann wie einen Rollbraten mit Küchenschnur gut zubinden. Auf ein Backblech in den vorgeheizten Backofen legen und bei **150 bis** maximal **160 °C** etwa **1 1/2 Stunden** garen. Nach dem Garen den Räuberbraten an den Schnittstellen durchtrennen. Die Bratenscheiben mit etwas brauner Bratensoße auf Tellern anrichten. Dazu passen Semmel- oder Serviettenknödel.

Braune Bratensoße

Zutaten für ca. 500 ml:

1 kg Schweineknochen, möglichst in kleine Stücke gehackt oder gesägt

200 g geputztes Bratgemüse (Möhren, Sellerie, Pastinake oder Petersilienwurzel)

50 ml Öl (Raps oder Sonnenblume)

150 g gepellte Zwiebeln

1 Knoblauchzehe

2 EL Tomatenmark

150 ml Rotwein

1 l kräftige Rinderbrühe

5 Pimentkörner

10 Pfefferkörner

1 Lorbeerblatt

Salz, Pfeffer

Soßenbinder oder Stärkemehl

Im erhitzten Öl die gehackten Knochen rundum kräftig anrösten, bis sie dunkelbraun aber nicht schwarz sind. Zwiebeln und das Bratgemüse in grobe Würfel schneiden und in die Pfanne geben, ebenso die zerdrückte Knoblauchzehe. Auch das Bratgemüse sollte gut gebräunt sein. Jetzt das Tomatenmark zugeben und mitrösten. Den Soßenansatz mehrfach mit etwas Rotwein ablöschen und durch häufiges Umrühren das Anbrennen verhindern. Nun die Rinderbrühe angießen und die Gewürze zugeben. Nochmals gut umrühren, damit sich die Röststoffe gut vom Topfboden lösen. Den Soßenansatz auf kleiner Flamme etwa **2 1/2 bis 3 Stunden** köcheln lassen. Danach den Soßenansatz durch ein Sieb passieren und nochmals auf kleiner Flamme etwa um die Hälfte einkochen. Je nach erreichter Konsistenz mit etwas Soßenbinder oder Stärkemehl binden, mit Salz und Pfeffer abschmecken.

Die Nummer Eins auf den Thüringer Grillrosten ist ganz eindeutig die Bratwurst. Dicht darauf folgt das Rostbrätel, mitunter auch einfach „Brätl" genannt. Es hat seinen Namen mit großer Wahrscheinlichkeit vom Grill, der in Thüringen meist Rost heißt, und vom Grillen, das man hier auch „Bräteln" nennt, erhalten. Genau genommen handelt es sich beim Rostbrätel um ein etwas dicker geschnittenes und leicht plattiertes Nackensteak vom Schwein, das auf besondere Art zubereitet wird. Das Entscheidende ist die Marinade, in der die Rostbrätel mindestens einen kompletten Tag gut durchziehen sollten.

Rostbrätel – Frauenbergers spezielles Frühlingsrezept

4 Kammsteaks vom Schwein á 150 g

Pfeffer aus der Mühle

einige Zweige junges Tannengrün

2 Knoblauchzehen

1 kleines Bund Petersilie

3 große Gemüsezwiebeln

1 Lorbeerblatt

1 kleiner Zweig Thymian

250 ml Pilsener Bier

80 g Weizenmehl

Öl, Salz, Senf

Die Kammsteaks plattieren und mit Pfeffer würzen. Nun kommen sie in ein geruchsneutrales Gefäß (z. B. Steingut), das mit jungem Tannengrün („Maiwuchs") ausgelegt ist. Auf die Steaks feine Knoblauchscheibchen, Petersilienstiele und feine Streifen von 1 Zwiebel legen. Lorbeerblatt und zerpflückten Thymian auf das Fleisch geben. Nun mit Bier auffüllen und gut zudecken. Das Gefäß mit Frischhaltefolie verschließen. Im Kühlschrank 1 Tag marinieren.
Die Steaks aus der Marinade nehmen, gut abtropfen lassen und bei hoher Grilltemperatur saftig braten. Die restlichen Zwiebeln in Ringe schneiden, mehlieren und in heißem Senföl knusprig ausbraten, auf Küchenkrepp gut abtropfen lassen. Die fertigen Rostbrätel mit Salz würzen und dünn mit Senf bestreichen. Brätl mit den Zwiebelringen und gehackter Petersilie bestreut auf Brot anrichten oder mit Kartoffelsalat bzw. Bratkartoffeln reichen.

Die Thüringer lieben Gerolltes in der Pfanne – Rinderrouladen mit Thüringer Klößen sind wahrscheinlich unangefochten die Nummer 1. Aber sie mögen auch Schmorgerichte im Allgemeinen. Da ist ja schließlich immer viel Soße im Spiel und ohne Soße geht beim Thüringer im Prinzip gar nichts. Ganz oben in der „Hitliste" der Schmorgerichte stehen unbedingt die Kohlrouladen und ihre verschiedenen Ableitungen.

Rotwickel – Rotkohlroulade mit einer Wildfleischfüllung

4 große oder 8 kleinere Rotkohlblätter

100 g Waldpilze, vorzugsweise Steinpilze oder Pfifferlinge

60 g Butterschmalz

Salz, Pfeffer

1 altbackenes Brötchen

150 ml Vollmilch

50 g fetter Speck

250 g Hackfleisch vom Wild

100 g Schweinegehacktes

1 Ei, 2 EL Küchensahne

50 g gepellte Schalotte

400 ml Wildfond

125 ml Rotwein

1 TL Weizenmehl

Die Rotkohlblätter im Dampf oder in kochendem Salzwasser, dem man etwas Essig zugesetzt hat, blanchieren. Das dauert etwas länger als beim Weißkohl. Die Blätter dürfen nicht brechen und müssen gut zu rollen sein. Anschließend die Rotkohlblätter auskühlen lassen. Die geputzten Pilze fein hacken und in etwas ausgelassenem Butterschmalz anschwitzen. Mit Pfeffer und Salz würzen. Das Brötchen in grobe Würfel schneiden und in der Milch einweichen. Speck in feine Würfel schneiden. Das Gehackte miteinander mischen und mit Speck, den ausgedrückten Brötchenwürfeln, Ei, Pilzen und Sahne gründlich verkneten. Mit Salz und Pfeffer kräftig abschmecken. Nun die Fleischmasse gleichmäßig auf die Rotkohlblätter verteilen. Das Rotkohlblatt von allen Seiten nach oben biegen und die einzelnen Krautblätter mit Küchengarn zu jeweils einem Päckchen verschnüren. Die Kohlrouladen im restlichen Butterschmalz in einem Schmortopf von allen Seiten gut anbraten und dann etwa die Hälfte vom Wildfond zu-

gießen. Die Rotwickel im Backofen zugedeckt bei **180 °C** etwa **40 Minuten** schmoren. Inzwischen die feinwürflig geschnittene Schalotte in etwas Öl glasig dünsten, mit Mehl anstäuben und unter Rühren gut durchrösten. Den restlichen Wildfond angießen und unter häufigem Umrühren zur gewünschten Konsistenz einkochen. Sind die Rotwickel gar, den Bratensatz noch zum Soßenansatz zufügen. Mit Salz, Pfeffer und Rotwein abschmecken. Soße passieren und die Rotwickel damit übergießen. Dazu passen Petersilienkartoffeln oder aber auch gebratene Scheiben vom Thüringer Kloß (s. S. 85).

Wildschweinmedaillons unter der Nusskruste mit Feldsalat

600 g Wildschwein-Rückenfilet

8 dünne Scheiben Frühstücksspeck

bunter Pfeffer

50 ml Öl

2 Zweige Rosmarin

1 Scheibe Pumpernickel

30 g gemischte gemahlene Nüsse

1 Ei, Salz, Pfeffer

Feldsalat:

250 g Feldsalat

100 g Preiselbeeren

2 EL Traubenkernöl

1 TL Honig

1 EL weißer Balsamico-Essig

1/2 TL mittelscharfer Senf

1/2 TL frisch gepresster Zitronensaft

Salz, Pfeffer

Wildschweinfleisch von Sehnen und Fett befreien. Aus dem Filet acht Medaillons schneiden und diese leicht plattieren. Die Medaillons jeweils mit einer Scheibe Frühstücksspeck umhüllen, mit buntem, gemahlenem Pfeffer würzen und mit etwas Öl sowie mit etwa der Hälfte Rosmarinnadeln abgedeckt für etwa **4 bis 5 Stunden** unter Kühlung marinieren.

Die restlichen, abgezupften Rosmarinnadeln fein hacken und mit dem zerbröselten Pumpernickel, den gehackten Nüssen und dem Ei gut vermischen. Die Mischung mit Salz und Pfeffer würzen. Die Medaillons im restlichen Öl von beiden Seiten kurz und kräftig anbraten und salzen. Nun die Medaillons aus der Pfanne nehmen, auf ein Backblech setzen und mit einer Schicht von der Nuss-Brot-Mischung belegen. Auf der oberen Schiene des auf **220 °C** vorgeheizten Backofens überbacken, bis die Kruste bräunt. In die Mitte der vier Teller jeweils den geputzten und gewaschenen Feldsalat aufschichten, die Preiselbeeren darüber verteilen. Honig, Essig, Senf, Zitronensaft, Traubenkernöl, Salz und Pfeffer zu einem Dressing verrühren und über den Salat träufeln. Je zwei gratinierte Wildschweinmedaillons um den Salat arrangieren und servieren. Dazu schmeckt Vollkorn-Baguette.

Von der ehemaligen
Residenzstadt Gotha bis zur Rhön

Eine kulinarische Erlebnisreise besonderer Art, mit tollen Sehenswürdigkeiten und eingebettet in zauberhafte landschaftliche Kulisse, bietet der Weg von der Residenzstadt Gotha gen Westen. Der Besuch des Großen Inselsberges oder auch des sagenumwobenem Hörselberges lohnt immer. Hoch über der Stadt Eisenach thront die Wartburg und wer deutsche Geschichte hautnah erleben möchte, muss einfach hier gewesen sein. Dann geht es in Richtung Süden. Das etwas verträumte Bad Salzungen sollte zum Besuchsprogramm gehören, bevor der Weg weiter in die nahe Thüringer Rhön führt.

Der Inselsberg ist zwar nicht der höchste der Thüringer Berge, aber wohl der bekannteste. Mischwälder säumen sein majestätisches Antlitz. Sie sind – vom Wetter abhängig – insbesondere in den Monaten September/Oktober für Waldpilzsucher ein lohnendes Ziel.

Orangerie von Schloss Friedenstein, Gotha (Foto S. 57 oben)

Inselsberger Pilzpfännchen

800 g gekochte fest kochende
Kartoffeln

2 mittelgroße Zwiebeln

1 Bund Schnittlauch

1 Bund Petersilie

4 EL Öl, 4 Eier

80 g Thüringer Schmand

800 g gemischte Waldpilze

60 g Butter

1 Zweig frischer Rosmarin

4 Zweige Kerbel

Pfeffer, Salz

1/2 TL edelsüßes Paprikapulver

Tipp: Wer nicht über vier Pfännchen verfügt, bereitet das Kar-
toffelomelette in einer großen
Pfanne vor und teilt es dann in
vier Portionen.

Die Kartoffeln in nicht zu große, dünne Scheiben schneiden, die Zwiebeln fein würfeln, Schnittlauch in Röllchen
schneiden, Petersilie fein hacken.

In vier kleinen Pfännchen je ein kleines Kartoffelomelett
backen. Dafür je 1 EL Öl erhitzen, darin je 1/8 der Zwiebelwürfel glasig schwenken. Die Kartoffelscheiben auf die
Pfännchen verteilen, mit Pfeffer, Salz sowie etwas edelsü-
ßem Paprikapulver würzen und goldbraun braten. Die Eier
ebenfalls mit Pfeffer und Salz würzen und etwas von den
gehackten Kräutern dazugeben. Die gut verrührte Eimasse
gleichmäßig auf die Pfännchen verteilen und in jeder Pfanne unter Rühren ein kleines Kartoffelomelett zubereiten,
das in eine Hälfte der Pfanne geschoben wird. Die Pfännchen zum Warmhalten in den Ofen stellen. In einer großen
Pfanne die Butter auslassen, die restlichen Zwiebelwürfel
glasig schwenken und die geputzten Pilze zugeben, mit
Pfeffer und Salz würzen und am Ende des Schmorens die
gehackte Petersilie zugeben. Die Pilze neben die Kartoffel-
omeletts auf die Pfännchen aufteilen. Obenauf mit einem
Esslöffel eine Schmand-Nocke setzen und die restlichen
Kräuter, den gezupften Kerbel und einige Rosmarinnadeln
darüber streuen.

Das Gericht in den Pfännchen servieren. Mit einem Löffel
oder Vorlegebesteck auf vorgewärmte Teller umheben.

Die Brau- und Malzmeister beschäftigen sich eigentlich mit der Bierherstellung, vor allem mit der zum Bierbrauen notwendigen Technik. Braumeister sind also nur nebenberuflich Bierkoster oder gar Biertrinker. Irgendwann hat aber ein kreativer Kopf dieser Berufsgruppe ein Steak zugeordnet, von dem mehrere Varianten kursieren. Standesgemäß hauptsächlich zum Bier, aber auch zum Wein nicht zu verachten, isst man auch heute noch sehr gern das mit Schinken und Käse gefüllte Braumeistersteak (Abb. S. 57). Es erinnert an das legendäre Cordon bleu.

Braumeistersteak

600 g ausgelöstes Schweinekotelett (Schweinelachs)

4 Scheiben Schnittkäse (vorzugsweise Edamer oder Butterkäse mit einem guten Schmelz)

4 Scheiben Kochschinken

2 Eier, 50 g Weizenmehl

Semmelmehl zum Panieren

Salz, Pfeffer

etwa 100 ml Öl zum Braten

1/2 Zitrone

Das Kotelettstück in vier dicke Scheiben schneiden. Diese jeweils noch einmal in der Mitte einschneiden, ohne sie ganz zu trennen (Schmetterlingsschnitt). Wenn man die Fleischscheiben nun aufklappt, sehen sie wie ein Schmetterling aus. Klarsichtfolie über das Fleischstück legen und leicht und gefühlvoll plattieren. Nun auf eine Hälfte je eine Scheibe Schinken und eine Scheibe Käse legen, sodass rundum noch etwa 5 mm Fleisch frei bleiben. Jetzt die andere Hälfte darüber klappen und die Ränder gut festdrücken. Die gefüllten Steaks vorsichtig im Mehl wenden, durch verquirltes Ei ziehen und im Semmelmehl panieren. Die Panade gut festdrücken. Nun die panierten Steaks im erhitzten Öl von beiden Seiten goldbraun braten. Nach dem Braten die Braumeisterteks auf Küchenkrepp abtropfen lassen. Die Steaks mit einer Zitronenecke belegen. Dazu schmecken knusprige Bratkartoffeln und ein Rohkostsalat oder auch Pommes frites und Erbsengemüse.

Die von Ort zu Ort gesprochene Thüringer Mundart hat ganz eigene Facetten und so können nur wenige Kilometer Entfernung völlig andere Ausdrücke für einen Begriff hervorbringen. Der Ruhlaer Kirschentüschel ist ein gutes Beispiel dafür. Von Westthüringen bis in den Nordwesten sagt man zum Eintunken von Brot in eine Soße „tüscheln" oder „tischeln" – wie bei diesem beliebten Sommerauflauf, bei dem man altbackene Brötchenstücke in die Milch-Eier-Mischung tüschelt. In Ruhla wird der Tüschel meist süß mit Kirschen oder mit Himbeeren zubereitet.

Ruhlaer Kirschentüschel

Zutaten für 4 – 6 Portionen, je nachdem, ob man den Auflauf als Hauptgang oder Dessert reicht:

6 Brötchen vom Vortag

300 ml Vollmilch, 2 Eier

60 g Butter, 80 g Zucker

1/2 TL gemahlener Zimt

1 TL Abrieb von 1 Bio-Zitrone

1/2 Pck. Backpulver

20 g geriebene Haselnüsse

750 g Süßkirschen ohne Stein

1 Prise Salz

10 g Butter zum Fetten der Auflaufform

Die altbackenen Brötchen in nicht zu kleine Würfel schneiden und in der kalten Milch einweichen. Eier trennen. Mit dem Rührgerät die weiche Butter, Eigelb und Zucker schaumig rühren, das Zimtpulver und die Zitronenschale zugeben. Zu den eingeweichten Brötchenwürfeln das Backpulver, die Haselnüsse, die entstielten Kirschen sowie die schaumig gerührte Buttermasse geben. Das Ganze vorsichtig vermischen. Separat das Eiweiß mit 1 Prise Salz zu steifem Schnee schlagen und zum Schluss unter die Masse heben. Die Masse in eine gebutterte Auflaufform geben und im vorgeheizten Backofen bei **200 °C** etwa **1 Stunde** backen. Wenn die Oberfläche zu dunkel werden sollte, zum Ende der Garzeit einen Bogen Alufolie darüber decken oder die Temperatur etwas verringern. Der Kirschentüschel sollte schön goldbraun sein. Dazu reicht man Vanillesoße.

Mit großer Wahrscheinlichkeit haben die Thüringer diese äußerst leckere Süßspeise von den Österreichern „abgekupfert". Dort war das vermeintliche Original in den Klöstern eine Fastenspeise. Die österreichischen Schlosserbuben sind allerdings nicht mit Marzipan gefüllt, sondern mit einem ganzen, gehäuteten süßen Mandelkern. Bei uns liebt man sie etwas weicher und aromatischer.

Schlosserbuben – mit Marzipan gefüllte Zwetschgenbeignets

12 Zwetschgen

100 g Marzipan-Rohmasse

50 g Puderzucker, 2 cl Rum

Für den Backteig:

2 Eier, 250 g Weizenmehl

1/4 l Weißwein oder Milch

1 Prise Salz, nach Geschmack

etwas Abrieb von 1 Bio-Zitrone

1 l Frittierfett

Die Zwetschgen waschen und mit einem spitzen Gegenstand vorsichtig entsteinen. Marzipan-Rohmasse mit Puderzucker und Rum verkneten. Dann in 12 gleiche Teile portionieren, diese länglich formen und je ein Marzipanstück als Ersatz für den Zwetschgenstein in die Früchte schieben.
Eier trennen. Dann aus 200 g Mehl, Wein oder Milch und den Eigelb einen Backteig rühren. Teig mit 1 Prise Salz und etwas Zitronen-Abrieb würzen. Die Eiweiß halbfest schlagen und zuletzt unter den Teig rühren. Die Zwetschgen im restlichen Mehl wälzen, an einen Holzspieß stecken und durch den Backteig ziehen, sodass die Zwetschgen rundum von Teig umhüllt sind. Nun die Früchte nacheinander im erhitzten Frittierfett goldgelb und knusprig ausbacken. Mit der Schaumkelle die frittierten Zwetschgen aus dem Fett nehmen, auf Küchenkrepp abtropfen lassen und warm stellen.

Für die Schokoladensoße:

250 ml Küchensahne

150 g weiße Blockschokolade

Auf dem Wasserbad die in Stücke gebrochene Blockschokolade mit der Küchensahne glatt rühren. Je 3 gebackene „Schlosserbuben" auf einem Dessertteller anrichten und mit etwas weißer Schokoladensoße umkränzen. Mit einem Minzezweig, Zitronenmelisse oder essbaren Blüten garnieren. An heißen Tagen 1 Kugel Vanilleeis dazugeben.

Tipp: Ganz wichtig beim Ausbacken der Früchte ist die richtige Temperatur des Backfetts. Sie sollte zwischen 160 und 180 °C liegen. Sind die Früchte recht groß, wählt man eine etwas niedrigere Temperatur. Nach dem Ausbacken legt man die knusprigen Früchte noch kurz auf Küchenkrepp, damit überschüssiges Fett nicht mit auf die Teller kommt. Bestreut mit Puder- oder Vanillezucker werden die Schlosserbuben warm verzehrt. Als willkommene Ergänzung empfehle ich eine Vanillesoße, eine Kugel Vanilleeis oder wie im Rezept eine Soße aus weißer Schokolade.

Von der Rhön übers Henneberger Land zum südlichsten Zipfel Thüringens

Auch wenn es nur ein Teil des außergewöhnlichen Mittelgebirgszuges ist, die herrliche Thüringer Rhön hat ihren ganz besonderen Reiz, nicht zuletzt, weil sie lange Zeit vom hessischen Teil getrennt war und heute zum UNESCO-Biosphärenreservat gehört. Hier wurde auch deutsch-deutsche Geschichte geschrieben. Von der Rhön führt uns der Weg ins Henneberger Land – ein noch heute gebräuchlicher Name für große Teile Südthüringens. Südthüringen ist bekannt für seine Fachwerkhäuser und ein Besuch der Städte Meiningen oder Hildburghausen ist unbedingt empfehlenswert. Dieser Abschnitt endet dann am südlichsten Zipfel Thüringens mit der Spielzeugstadt Sonneberg. Die Küche ist hier schon fränkisch geprägt.

Thüringen liegt bekanntlich weitab vom Meer und so spielten Meeresfische für die Thüringer kaum eine Rolle. Eine Ausnahme waren Salzheringe. Sie konnten bedenkenlos auf dem langen Landweg transportiert werden. Nach gründlichem Wässern wurden sie für Salate und Hausfrauengerichte verwendet, die heute noch populär sind.
Im Südthüringer Geraberg gibt es sogar ein Heringsfest, das auf folgender Geschichte basiert: Im Ortsteil Arlesberg wurde einst Pech aus Baumharzen hergestellt, das man u. a. beim Schiffsbau zum Abdichten von hölzernen Schiffsplanken benötigte. Die Pechbrenner brachten ihre kostbare Ware zum Meer und tauschten sie meist gegen Salzheringe ein. Kehrten sie wohlbehalten in ihre Thüringische Heimat zurück, richteten die Frauen ein Heringsfest aus als Ausdruck der Freude über die Heimkehr. Noch heute bekommt man hier „grienen Haring und Gackeschippel". Nur Insider wissen, dass sich hinter „Gackeschippel" Kartoffelsalat mit grüner Gurke versteckt.
Das süß-saure Marinieren von Heringen hat ebenfalls im Thüringer Binnenland Tradition. So gibt es beim Heringsfest das „klatschnasse Fischbrötchen". Man gießt hier noch eine kleine Kelle von der Marinade über das Fischbrötchen. Bei der Nachfrage, wie man das aufgeweichte „Etwas" denn essen soll, erhält man schon mal die Antwort: „Möglichst schnell!"

Bertholdsburg (Foto S. 64 oben) – ehemalige Residenz der Grafen von Henneberg

Matjestatar mit Äpfeln und Dill

4 Matjesfilets in Öl
à ca. 60 – 70 g

80 g Gewürzgurke

80 g geschälte und entkernte
säuerliche Äpfel

50 g Lauchzwiebeln

1 kleines Bund Dill

1 EL Öl

1 EL frisch gepresster Zitronen-
oder Limettensaft

Pfeffer aus der Mühle

Die gut abgetropften Matjesfilets in feine Würfel schneiden, ebenso die Gewürzgurke und die Äpfel. Die geputzten und gewaschenen Lauchzwiebeln längs teilen und in feine Streifen schneiden. Etwas Dill fein schneiden und zu den übrigen Zutaten geben. Alles gut miteinander vermischen, das Öl zufügen, mit Zitronen- oder Limettensaft sowie Pfeffer abschmecken. Nun das Matjestatar zugedeckt und kühl gestellt ca. **1 Stunde** durchziehen lassen. Noch einmal abschmecken.

Tipp: Soll das Tatar noch etwas bunter aussehen, kann man nach Belieben etwas hart gekochtes und fein gehacktes Ei, fein geschnittene bunte Paprikawürfel oder gehackte Kapern zugeben.

Krautkuchen aus Südthüringen

400 g geputzter Weißkohl oder Wirsing

400 g Hackfleisch (halb Rind halb Schwein)

1 gepellte Knoblauchzehe

2 Eier, 1 altbackenes Brötchen

100 g gepellte Zwiebel

1 EL Öl, 50 g Butter

3 EL saure Sahne

Salz, Pfeffer

geriebene Muskatnuss

Den geputzten Kohl etwa **10 Minuten** im Dampf oder im kochenden Salzwasser blanchieren, danach auskühlen lassen und in feine Streifen schneiden. Das Brötchen in grobe Würfel schneiden und mit etwas Wasser einweichen. Zwiebel pellen, in feine Würfel schneiden, Knoblauchzehe sehr fein hacken und beides mit dem Hackfleisch vermischen. Nun das eingeweichte Brötchen gut ausdrücken und zerpflücken. Eier verquirlen. Kohlstreifen mit etwas geriebener Muskatnuss würzen. Alles zum Hackfleisch geben und gut unterkneten. Mit Pfeffer und Salz würzen. Eine feuerfeste Form oder eine kleine Springform mit dem Öl gut einfetten und den Krautteig einfüllen. Im auf **180 °C** vorgeheizten Ofen den Krautkuchen etwa **60 Minuten** garen. Kurz vor Ende der Garzeit die Oberfläche des Kuchens mit saurer Sahne bestreichen und einige Butterflöckchen aufsetzen.

Tipp: Den Kuchen warm in Stücke schneiden und servieren.

In Südthüringen und in der Rhön bringt man die Weißkohlköpfe vom Feldrand, die keine prallen, ausgewachsenen Köpfe entwickelt haben, schon vor der eigentlichen Kohlernte ein. Sie sind nicht für die Sauerkrautherstellung geeignet und wurden meist nur als Viehfutter verwendet. Irgendwann stellte man jedoch fest, dass sie besonders zart und schmackhaft sind und so entstand folgendes Rezept.

Eingelegtes Weißkraut – Kombes

Nach der sorgfältigen Reinigung den Kohl in Viertel teilen, den Strunk herausschneiden und blanchieren. Die abgekühlten Kohlstücke in Tongefäße schichten. Zwischen die Lagen Dilldolden und evtl. auch Sauerkirschlaub legen. Darüber kaltes, kräftiges Salzwasser gießen. Das eingelegte Kraut mit einem Leinentuch bedecken und mit einem großen Holzdeckel oder Teller und einem Stein beschweren. Dann das Ganze mit einem Deckel luftdicht verschließen. Man lässt das Kraut ca. **2 bis 3 Wochen** an einem mäßig warmen Ort gären, danach wird es im Keller kühl gelagert.

Die Südthüringer nennen das eingelegte Kraut Kombes, Kompes oder auch Gombes nach dem Tontrog bzw. Tongefäß in dem das Kraut reift. Man kann es roh essen oder gekocht als Beilage zu Eisbein, Kasseler, Schweinebraten oder Rippchen. Mit Kümmel, Lorbeer, Nelken, Wacholder wird das Kraut schön würzig. Noch besser schmeckt es, wenn das Fleisch zusammen mit dem Kohl gegart wird.

Südthüringer Schlachteplatte mit Kombes

1 gepökeltes Hinter-Eisbein, reichlich 1 kg

500 g Schweinebauch (in Thüringen auch Schnitzfleisch genannt)

1 mittelgroße gepellte Zwiebel

Lorbeerblatt

Gewürznelken

Pfefferkörner

Piment, Salz

1 kg Kombes

50 g Butterschmalz

2 EL Weizenmehl

Kümmel, Zucker

In leicht gesalzenem Wasser Eisbein und Schweinebauch zum Kochen bringen. Den sich bildenden Eiweißschaum immer wieder mit der Schaumkelle entfernen. Bildet sich kein Schaum mehr, die mit einem Lorbeerblatt und den Gewürznelken gespickte Zwiebel, sowie 6 – 8 Pimentkörner und 1 TL Pfefferkörner zugeben. Sind Schweinebauch und Eisbein gar, mit einer Fleischgabel aus der Brühe herausstechen und warmstellen. Das Eisbein sollte sich leicht vom Knochen lösen lassen.

Das marinierte Weißkraut aus der Lake nehmen und gut abtropfen lassen. Dann in der abgeseihten Brühe bissfest garen. Im erhitzten Butterschmalz das Mehl rösten und eine hellbraune Schwitze herstellen. Mit der Brühe ablöschen und eine deckende, aber nicht zu dicke Soße herstellen. Soße mit 1 Prise Zucker, etwas gemahlenem Kümmel und nach Geschmack mit etwas Kombeslake abschmecken. Das gegarte Kraut auf vier Teller verteilen, mit Soße überziehen und mit je einer Scheibe vom gegarten Schweinebauch und mit einem Stück ausgelöstem Eisbein auftragen. Dazu schmecken ein fluffiger Kartoffelbrei oder Salzkartoffeln. Senf und/oder geriebenen Meerrettich dazu reichen.

Zumindest in Thüringens Westen bis hinunter an die fränkische Grenze kennt man die hornlosen Schafe mit dem schwarzen Kopf und den langen weißen Beinen. Doch auch weit über die Thüringer Grenzen ist das Rhönschaf unter Züchtern und auch bei Feinschmeckern sehr gut bekannt. Insbesondere das Lammfleisch erfreut sich großer Beliebtheit.

Schmorbraten vom Rhönschaf in Rotweinsoße

1,2 kg Lamm- oder Schaf-schulter vom Rhönschaf

Pfeffer, Salz, nach Geschmack

3 – 4 Knoblauchzehen

1 Zweig Thymian, 3 EL Öl

250 g Bratgemüse (Möhre, Zwiebel, Sellerie, Petersilien-wurzel)

1 EL Tomatenmark

1/4 l kräftiger Rotwein, z.B. Dornfelder oder Spätburgunder

1 Lorbeerblatt, 5 Pimentkörner

1 TL Pfefferkörner

1/2 l Lammfond

50 g kalte Butter

Das Fleisch von Knochen und Fett befreien. Dann auf der Innenseite kräftig mit Pfeffer, Salz, fein gehacktem Knoblauch und abgezupften Thymianspitzen würzen. Nun die Schulter zusammenrollen und mit Küchenfaden gut zusammenbinden. In einem Bräter das Öl erhitzen und das Fleisch rundum gründlich anbraten. Herausnehmen, das in grobe Würfel geschnittene Bratgemüse zugeben und unter mehrfachem Wenden ebenfalls gut anbraten, bevor das Tomatenmark noch kurz mit angeröstet wird. Den Bratenansatz mit Rotwein ablöschen und fast vollständig einkochen lassen. Das Fleisch wieder zum Bratenansatz geben, Lorbeerblatt, Pfefferkörner und Piment zufügen und den Lammfond angießen. Den Bräter zudecken und im vorgeheizten Ofen bei **160 °C** Lammbraten etwa **1 1/2 Stunden** oder Schafbraten bis **2 1/2 Stunden** gar schmoren. Danach den Bratensatz passieren und die kalte Butter unterrühren, um die Soße zu binden. Das Fleisch vom Küchenfaden befreien, in fingerdicke Scheiben schneiden und mit reichlich Soße übergießen. Dazu schmecken Bohnen und Kartoffeln oder Klöße.

Dätscher oder doch Detscher? Diese Frage wird man wohl nie eindeutig beantworten. Es kursieren die unterschiedlichsten Rezepte und so manche Stadt oder Region möchte die Spezialität ganz gern für sich in Anspruch nehmen. Die Südthüringer lieben ihre Dätscher aus halb rohen und halb gekochten Kartoffeln mit unterschiedlichen Beilagen. Die Saalfelder bereiten ihre Detscher ausschließlich aus gekochten Pellkartoffeln zu. Doch egal nach welchem Rezept man den Teig für Dätscher oder Detscher herstellt, in der Pfanne wird er flach gedrückt (gedätscht) und in die gewünschte Form gebracht.

Südthüringer Hefedätscher

Zutaten für 4 – 6 Portionen:

1 kg mehlig kochende Kartoffeln
....
250 g Weizenmehl, 1 Ei
....
15 g Hefe
....
4 EL Vollmilch
....
1 EL saure Sahne
....
1 gestrichener TL Salz
....
Öl zum Braten
....

Die geschälten Kartoffeln halbieren. Die eine Hälfte als Salzkartoffeln garen, den Rest mit einer feinen Reibe reiben und die Masse anschließend in einem Presssack auspressen. Aus Mehl, lauwarmer Milch und zerbröckelter Hefe einen Hefeteigansatz bereiten. Die gekochten Kartoffeln abgießen, abdämpfen und durch die Kartoffelquetsche pressen. Anschließend mit dem Hefeteig vermischen und gehen lassen. Nun den rohen Kartoffelschab zugeben, alles gut vermischen und portionieren. Zum Schluss dätschen – also flach drücken – und auf einem bemehlten Brett ablegen. Die Dätscher mit einem sauberen Küchentuch abdecken und nochmals aufgehen lassen. Danach im erhitzten Öl von beiden Seiten goldgelb braten. Die Hefedätscher passen perfekt als Beilage zu Sauerbraten, Wildbraten oder auch zu saftigem Kasselerbraten.

Das Wurstland Thüringen

Nirgendwo auf der Welt werden mehr Wurstsorten produziert als in Deutschland. Dabei wird Thüringen gern als Mutterland der Wurstproduktion bezeichnet. Die Thüringer Rotwurst, Sülzwurst oder Leberwurst sind weit über die Thüringer Landesgrenzen bekannt und beliebt wie auch der legendäre Eichsfelder Feldgieker, die Eichsfelder Stracke ganz zu schweigen von der Thüringer Rostbratwurst.

Es ist keine Hochstapelei, wenn man von der hohen Schule der Thüringer Wurstmacherkunst spricht. Nicht immer und in jedem Fall hatten die Wurstmacher einen guten Ruf, denn es wurde mitunter auch Fleisch verarbeitet, das nicht so ganz den Vorgaben entsprach. Das hat sich grundlegend geändert, denn heute muss jeder Metzger akribisch nachweisen, was er in seiner Produktion verarbeitet, bis hin zu den Gewürzen. So hat der alte Thüringer Spruch „das Innere der Leberworschd ist noch völlig unerforscht" heute seine Bedeutung verloren. Dennoch bleibt die Individualität von Metzger zu Metzger erhalten, denn die genauen Mengen und die Art der Verarbeitung sind oft alte Familientradition und werden als Geheimnis bestens gehütet.

Gute und sehr gute Wurstqualität ist auch mit hohem Aufwand verbunden und man sollte sich besinnen, dass Wurst immer etwas Besonderes war und so sollte es auch bleiben! Die nachfolgenden Rezepte zeigen, dass Thüringer Wurst nicht nur für eine gute Brotzeit bestens geeignet ist. Man kann damit auch prima kochen.

Übrigens: Wie kommt der **Eichsfelder Feldgieker** zu seinem Namen? Er wurde und wird ausschließlich von ausgewachsenen einjährigen Schweinen der Eichsfelder Region hergestellt und man lässt sich für seine Reife mindestens 6 Monate Zeit. Am besten reift er in mit Lehm verputzten Kammern, die nach Norden ausgerichtet sind, um ihn vor Sonneneinstrahlung zu schützen. Die Kammern sollten gut belüftet sein, weshalb die Würste oft vom angrenzenden Feld oder Acker zu sehen waren. So war der Anblick für die Bauern bei der schweren Feldarbeit auch gleichzeitig mit Vorfreude auf den kommenden Genuss verbunden. Und hätten die Würste Augen, könnten also „gieken", dann könnten sie sich an der wunderschönen Eichsfelder Landschaft erfreuen. Der kleinere Ableger des Feldgiekers, heißt Eichsfelder Stracke.

Feiner Käse-Salami-Salat im Mürbeteigtartelette

Zutaten für 10 Tartelettes:

120 g Greußener Salami

120 g fester Schnittkäse (z. B. Gouda)

50 g Salatcreme oder Mayonnaise

1 EL Küchensahne, Senf

weißer Pfeffer

10 ungesüßte Mürbeteigtartelettes (FP, gekauft)

halbe Walnusskerne

10 kleine Zweige vom feinen Friseesalat

Die gehäutete Salami und Schnittkäse in sehr feine Würfel schneiden, Salatcreme und etwas Küchensahne dazugeben. Mit gemahlenem weißem Pfeffer und etwas Senf nach Geschmack würzen. Alles vorsichtig vermengen, mit Klarsichtfolie abdecken und mindestens **2 bis 3 Stunden** zum Durchziehen in den Kühlschrank stellen.

Den Salat in die Mürbeteigtartelettes füllen, mit jeweils einem Zweig Friseesalat und einer halben Walnuss garnieren.

Thüringer Silvester-Wurstsalat

150 g Thüringer Zungenrot-
wurst

150 g Römerbraten

150 g Thüringer Schwarten-
magen

150 g Bierschinken

1 mittelgroße Zwiebel

100 g Gewürzgurken

4 hart gekochte Eier

1 kleines Bund Petersilie

2 EL Kapern, Essig, Salz

weißer Pfeffer aus der Mühle

2 EL Öl

Die Wurst in etwa 1/2 cm dicke Scheiben und anschließend in Würfel mit einer Kantenlänge von 1/2 cm schneiden. Nun die fein gewürfelte Zwiebel und die ebenfalls in gleich große Würfel geschnittene Gewürzgurke sowie die gehackten Kapern und etwas vom Gurkensud zugeben. Mit Salz, Pfeffer und Essig abschmecken. 2 hart gekochte Eier würfeln und mit dem Öl und der fein gewiegten Petersilie unterheben. Die übrigen Eier sechsteln und zum Garnieren verwenden. Den Salat **3 bis 4 Stunden** marinieren lassen, dann nochmals abschmecken, portionieren und nicht zu kalt servieren. Dazu schmeckt frisches Bauernbrot.

Gefüllte Ofenkartoffel mit Leberwurst

4 sehr große Grillkartoffeln

Öl zum Bestreichen

2 Frühlingszwiebeln

150 g Gewürzgurke

400 g Thüringer Leberwurst

150 g Schmand

1 Bund Schnittlauch

Salz, weißer Pfeffer

Die gründlich gereinigten Ofenkartoffeln jeweils in einen mit Öl bestrichenen Bogen Alufolie einpacken und im Backofen bei **200 °C** etwa **1 Stunde** backen. Mit einem Holzspießchen die Garprobe durchführen. Lässt sich das Spießchen leicht in die Kartoffeln stechen, sind sie gar. Anderenfalls noch etwas Garzeit zugeben.

Danach die Folie kreuzweise einschneiden und jede Kartoffel vorsichtig zusammendrücken so dass ein Schlitz zum Füllen entsteht. Die Leberwurst aus der Haut pellen, mit der fein geschnittenen Frühlingszwiebel und feinen Gewürzgurkenwürfeln vermengen. Diese Masse in die Kartoffelöffnung streichen und die Kartoffeln nochmals für **5 bis 7 Minuten** in den Ofen geben, bis die Masse etwas zerläuft. In einer Sauciere reicht man zur Folienkartoffel mit Leberwurstfüllung den Schnittlauchschmand. Dafür die fein geschnittenen Schnittlauchröllchen mit dem Schmand verrühren und mit Salz und Pfeffer würzen.

Semmelpfannkuchen mit Thüringer Leberwurst

4 Brötchen

80 g Butter

4 Eier

1 l Milch

300 g Thüringer Leberwurst, mittelfein

Pfeffer, Salz, Kümmel, Majoran

100 g durchwachsener Speck

2 EL Öl

2 mittelgroße Zwiebeln

Die mit einer Kantenlänge von ca. 1 cm geschnittenen Brötchenwürfel in der ausgelassenen Butter goldgelb braten und die Eier mit der Milch gründlich verquirlen. Nun die in kleine Stücke geschnittene Leberwurst zufügen und mit Pfeffer, Salz, etwas Majoran und gemahlenem Kümmel nach Geschmack würzen. Feine Magerspeckwürfel im Öl knusprig ausbraten. Dann die ebenfalls in feine Würfel geschnittenen Zwiebeln zugeben und glasig dünsten. Die Pfannkuchenmasse zugeben und vorsichtig braten. Je nach Bedarf kann man im Backofen mit etwas Oberhitze die Pfannkuchen noch **1 bis 2 Minuten** knusprig überbacken. Zu diesem Gericht passt ein frischer Blattsalat mit einem Dressing nach Wunsch.

Beim Thüringer Imbiss-Champion Bratwurst variiert der Geschmack in den einzelnen Regionen von Ost nach West und Nord nach Süd schon erheblich. Zum Gewürz-Pflichtprogramm gehören natürlich Salz und Pfeffer, aber auch Muskatblüte, Kümmel und Majoran. In der Kür setzen die Fleischer-meister dann auch Knoblauch, Kardamom, Piment und sogar Zitronenschale ein. Die genau-en Zutatenmengen sind streng geheim und liegen sozusagen gut gesichert in den Panzer-schränken jedes Fleischermeis-ters. Obwohl es eine Internetad-resse „beste-Bratwurst.de" gibt, meint verständlicher Weise jeder Fleischermeister, dass er die beste Bratwurst produziert. Gut so, denn am Ende entschei-den die Verbraucher. Nur die Mindest-Länge der Thüringer Bratwurst wurde mit 15 Zenti-metern in Brüssel mit einer EU-Verordnung festgeschrieben.

Ein Kuriosum im „Thüringer Ländle" ist auch die Bezeichnung der Bratwurst. Möchte man in Ostthüringen Bratwürste kaufen, dann muss man Roster verlangen, denn Bratwurst ist hier eine frische Knackwurst meist im runden Darm. Den Ausdruck Roster kennt man z. B. in Westthüringen überhaupt nicht. Hier ist es eben die Bratwurst und wenn sie gegrillt wird, sagt man Rostbratwurst. In die Thüringer Krautklöße kommen beide Wurstsorten. So kann man in diesem Fall von einer Gesamt-Thüringer Lösung sprechen.

Thüringer Krautklöße mit Bratwurst und Knackwurst

250 g Hefeklöße ohne Füllung (gekauft oder selbst gemacht)

2 EL Ö

120 g durchwachsene Speckwürfel

100 g gepellte Zwiebel

600 g geputzter Wirsing, in feine Streifen geschnitten

250 g gebratene Bratwurst

250 g Knackwurst

100 g Schmand

1 kleines Bund Schnittlauch

Salz, Pfeffer, Muskatnuss

Entweder gekaufte oder nach Rezept (S. 89) zubereitete Hefeklöße nach Vorschrift garen. In 1 EL Öl in einem Topf die Speckwürfel auslassen und die feinen Zwiebelwürfel darin glasig schwitzen. Die Wirsingstreifen zugeben und unter Rühren etwa **5 Minuten** anschwitzen. Mit Salz, Pfeffer und geriebener Muskatnuss würzen. Mit dem restlichen Öl eine passende Auflaufform fetten, den Krautansatz darin verteilen. Nun die erkaltete Bratwurst und die Knackwurst in Scheiben schneiden. Wurstscheiben vermischen und auf dem Wirsing verteilen. Die Hefeklöße in Scheiben schneiden und schuppenartig auf der Wurstschicht arrangieren. Schmand mit Salz und weißem Pfeffer abschmecken und mit dem Schneebesen glattrühren. Den Schmand auf die Hefekloßschicht streichen. Die Auflaufform zugedeckt etwa **30 Minuten** in den auf **150 °C** vorgeheizten Backofen geben. Mit Schnittlauchröllchen bestreut servieren.

Bratwurstpfanne „Vier-Jahreszeiten"

Sommervariante:

2 TL Öl

4 Bratwürste

750 g Pellkartoffeln vom Vortag

2 säuerliche Äpfel

ca. 4 EL Zitronensaft

2 Zwiebeln

4 Zweige Majoran

Salz, Pfeffer

20 g Butter

Im Frühling: mit Kohlrabistiften und Bärlauch
Im Sommer: mit Äpfeln
Im Herbst: mit Topinambur und Mini-Patisson
Im Winter: mit Rosenkohl

In einer Pfanne etwas Öl erhitzen, darin die Würste rundherum braten, dann herausnehmen und in mundgerechte Stücke schneiden. Inzwischen die gekochten Kartoffeln pellen, längs halbieren und in ca. 2 cm große Würfel schneiden. Äpfel waschen, vierteln und das Kerngehäuse entfernen. Die Apfelstücke ebenfalls in ca. 2 cm große Stücke schneiden, mit Zitronensaft beträufeln. Die Zwiebeln schälen und grob würfeln, Majoran waschen, trocken schütteln und die Blättchen abzupfen. Im Bratwurstfett die Kartoffeln knusprig anbraten, herausnehmen und zur Seite stellen. In der Pfanne noch etwas Butter erhitzen, darin Äpfel und Zwiebeln ca. **7 Minuten** braten, Kartoffeln untermischen, alles mit Salz, Pfeffer und Majoran würzen. Zum Schluss die Bratwurststücke unterheben und erhitzen.

Tipp: Für die anderen Varianten einfach jahreszeitgemäß die Äpfel durch die vorgegarten jeweiligen Gemüsesorten ersetzen. Die Grundrezeptur und die Zubereitungshinweise bleiben in jedem Fall gleich.

Kross gebratene Blutwurstscheiben, Apfel-Kartoffelbrei und gebackene Zwiebelringe

600 g Kartoffelpüree

400 g Äpfel

40 g Butter

500 g Thüringer Blutwurst

100 g Weizenmehl

50 g Öl

Salz, weißer Pfeffer, Majoran

1 Kästchen Gartenkresse

1 große Gemüsezwiebel

Kartoffelpüree wie gewohnt zubereiten. Die Äpfel vom Kerngehäuse befreien und in dünne Spalten schneiden, die man je nach Apfelgröße nochmals teilen kann. In der ausgelassenen Butter die Apfelstücke kurz anschwenken und mit etwas Majoran, Pfeffer und Salz würzen. Nun die Apfelstücke vorsichtig unter das Kartoffelpüree heben. Die Blutwurstscheiben kurz in Weizenmehl wenden und dann im heißen Öl von beiden Seiten knusprig braten. Obenauf kommen die mehlierten und in heißem Pflanzenfett gebackenen Zwiebelringe. Die geschnittene Gartenkresse kurz vor dem Servieren darüber streuen.

Die beliebten Thüringer Klöße

Die Basis eines echten Thüringer Kloßes ist die Kartoffel. In der Mitte des 17. Jahrhunderts gelangte sie als Gartenpflanze ins Vogtland. Um 1700 wurde sie wohl erstmals im Greizer Land angebaut, in der Region um Erfurt 1741. Dank des Kartoffelbefehls von Friedrich II. und der Verordnung zum Anbau der Kartoffeln durch Großherzog Ernst-August von Sachsen-Weimar wurde die Anerkennung der Kartoffel als Nahrungsmittel weiter gefördert und nach der großen Hungersnot 1771/72 erst recht. In diesen Notzeiten entstand auch der Kloß. Die Frauen im Thüringer Wald versuchten mangels Getreide aus den Kartoffeln Brot zu backen. Als das misslang, experimentierten sie

mit Mischungen aus geriebenen und gekochten Kartoffeln weiter und daraus ging um 1800 der Kloß hervor. Die zwei ältesten handschriftlich überlieferten Kloßrezepte (1808-1814) stammen von Pfarrer Friedrich Timotheus Heim von der Pfarrei Effelder bei Sonneberg.

Der Kloß gelangte schnell zu großer Beliebtheit und wurde gar zum Sonntags- oder Festessen, wovon auch der Spruch kündet: „Ein Sonntag ohne Klöße verlöre viel von seiner Größe". Regional variieren die Bezeichnungen: Hier sind es Kließ dort heißen sie Hübes oder Hütes. Fest steht, dass ein Original Thüringer Kloß Semmelbröckchen, -brösel, -breckele oder auch Weckbröckle enthält.

Der echte Thüringer Kloß sollte kugelrund, makellos glatt und nahtlos sein. Selbst feine Risse können Wasser ins Innere des Kloßes bringen, wodurch er beim Garen im Topf zerfällt. Das Kloßwasser sollte sieden, aber nicht kochen! Nach 15 bis 20 Minuten steigen die Klöße an die Oberfläche und sind dann gar. Mitunter rüttelt der ungeduldige Thüringer am Topf, um das Aufsteigen zu beschleunigen. Eine alte Thüringer Kloß-Weisheit lautet aber: „Klöße und junge Mädchen müssen alleine aufstehen ..."

Blick auf Greiz (Foto S. 82 oben)

Thüringer Klöße – auch häufig Hütes genannt

Zutaten für 6 – 8 Klöße:

3 kg Kartoffeln

1 EL Salz

2 altbackene Brötchen oder
entsprechende Menge Weißbrot

50 g Butter

2/3 der geschälten, rohen Kartoffeln mit einer feinen Reibe reiben und die entstandene Masse in einen Kartoffel-Press-sack oder in ein Leinentuch geben und kräftig auspressen. Die ausgepresste Flüssigkeit wird in einer Schüssel aufbewahrt, denn die sich absetzende Kartoffelstärke wird noch benötigt. Das restliche Kartoffeldrittel mit reichlich Salzwasser kochen und mit dem Kochwasser fein pürieren. Nun zu der ausgepressten rohen Kartoffelmasse etwas Salz sowie die abgesetzte Kartoffelstärke zugeben und nach und nach mit der kochenden gekochten Kloßmasse überbrühen. Dabei kräftig rühren! Die Kloßmasse sollte gut verkleistert sein und etwas glasig aussehen.

Die Brötchen vorab in Würfel schneiden und in einer Pfanne in der ausgelassenen Butter goldgelb rösten. Die Brotwürfel mit etwas Salz würzen. Nun aus dem Kloßteig mit in kaltes Wasser getauchten Händen Klöße formen und in die Mitte jeweils einige Brötchenwürfel geben. Die Klöße in leicht gesalzenes, siedendes Salzwasser geben und bei reduzierter Hitze etwa **15 bis 20 Minuten** ziehen lassen. Dabei keinen Deckel aufsetzen. Schwimmen die Klöße an der Oberfläche, sind sie gar.

Gebratene Kloßscheiben

übrig gebliebene Klöße vom Vortag

1 – 2 EL Butterschmalz

Übrig gebliebene Klöße kann man am Folgetag in dicke Scheiben schneiden, in etwas Mehl wenden und in Butterschmalz von beiden Seiten knusprig aufbraten. Lecker!

Thüringer Watteklöße

Zutaten für 4 Portionen oder je nach Kloßgröße 1 – 2 Stück pro Person:

1 kg gekochte und gepellte Pellkartoffeln

....

Salz

....

125 g Kartoffelstärkemehl

....

1/4 l Milch

....

1 altbackenes Brötchen oder ersatzweise Weißbrot

....

40 g Butter

....

Weizenmehl zum Wälzen der Klöße

....

Die Kartoffeln erkalten lassen und mit einer feinen Reibe in eine Schüssel reiben. Etwas Salz und das Stärkemehl zugeben und gut mischen. Nun die kochend heiße Milch darüber gießen und das Ganze mit einem Holzlöffel schnell und kräftig verrühren, sodass ein glatter Teig entsteht. Das Brötchen oder Weißbrot vorab in Würfel schneiden und in einer Pfanne in der ausgelassenen Butter goldgelb rösten und mit etwas Salz würzen.

Nun aus dem Kartoffelteig mit bemehlten Händen Klöße formen und in die Mitte jeweils einige knusprige Weißbrotwürfel geben. Die Klöße rundum leicht bemehlen und anschließend in siedendes Salzwasser geben. Bei reduzierter Temperatur die Klöße etwa **15 Minuten** ohne Deckel ziehen lassen. Wenn die Klöße an die Oberfläche steigen sind sie gar.

Tipp: Watteklöße passen zu geschmorten Fleischgerichten mit reichlich Soße.

Wickelklöße

Für 4 bis 6 Portionen:

1 kg Kartoffeln
(vorw. fest kochend)

1/8 l Milch

3 Eier

250 g Weizenmehl

Salz, Pfeffer

geriebene Muskatnuss

120 g Semmelmehl

60 g Butterschmalz

etwas verquirltes Eiweiß

Die Kartoffeln als Pellkartoffeln kochen, heiß pellen und mit einer Kartoffelquetsche fein zerdrücken. Die Milch, die verrührten Eier und das Mehl zugeben. Mit Salz und Abrieb von der Muskatnuss nach Geschmack würzen und das Ganze zu einem festen Teig verarbeiten. Das Semmelmehl in dem ausgelassenen Butterschmalz goldgelb knusprig rösten und mit etwas Salz und Pfeffer würzen. Nun den Teig auf einer bemehlten Unterlage mit dem Nudelholz etwa 6 mm dick ausrollen, zu Rechtecken von etwa 20 cm x 30 cm schneiden und den Teig mit dem gerösteten Semmelmehl gleichmäßig bestreuen.

Danach die Teigstücke von der langen Seite zu gleichmäßigen Rollen aufwickeln und die Enden, nachdem sie mit etwas verquirltem Eiweiß bestrichen wurden, fest zusammendrücken. Nun die Kloßrollen im Salzwasser bei **80 bis 90 °C** oder in ein sauberes Leinentuch eingeschlagen im Dampf etwa **25 bis 30 Minuten** gar ziehen lassen. Aus dem Wasser nehmen und in daumendicke Scheiben schneiden.

Tipp: Wickelklöße serviert man in Thüringen traditionell zu Petersiliensoße mit Rippchen, aber auch als Beilage zu Braten. Sie schmecken aber auch prima mit brauner Butter beträufelt zu Kompott.

Serviettenklöße nach Großmutters Art

6 altbackene Brötchen
vom Vortag

3/8 l Milch, 3 Eier

2 TL Salz

1 mittelgroße Zwiebel

1 Knoblauchzehe

50 g Butter

1 kleines Bund Petersilie

2 TL Majoran

etwas geriebene Muskatnuss

1/2 TL schwarzer Pfeffer

2 – 3 EL Weizenmehl

Brötchen in nicht zu feine Würfel schneiden. Die Hälfte davon in einer trockenen Pfanne unter Rühren goldbraun anrösten und diese anschließend zu den ungerösteten Brötchenwürfeln in eine Schüssel geben. Milch mit den aufgeschlagenen Eiern und dem Salz gut verrühren und dann über die Brötchenwürfel gießen.

Inzwischen die in feine Würfel geschnittene Zwiebel und die fein gehackte Knoblauchzehe in der ausgelassenen Butter anschwitzen. Vom Feuer nehmen. Fein gehackte Petersilie, Majoran, nach Geschmack etwas geriebene Muskatnuss und den grob gestoßenen Pfeffer zufügen und das Ganze zum Brötchenansatz geben. Mit dem angestäubten Mehl einen lockeren Teig herstellen, der etwa **10 Minuten** ruhen sollte. Danach walzenförmig in ein sauberes, nasses Küchentuch aufrollen und die Rolle beidseitig an den Enden locker mit Küchenfaden zusammenbinden. Die eingebundene Teigrolle in reichlich Salzwasser geben und **30 bis 40 Minuten** bei schwacher Hitze garen. Danach den Serviettenkloß aus dem Tuch rollen und mit einem sehr scharfen Messer in fingerdicke Scheiben schneiden.

Hefeklöße

Für ca. 6 – 8 Stück:

500 g Mehl

1 Würfel frische Hefe

200 ml Milch

3 EL zerlassene Margarine

2 EL Zucker

2 Eier

1/4 TL Salz

Mehl in eine Schüssel sieben und eine Mulde eindrücken. Hefe in der lauwarmen Milch verquirlen und in die Mehlmulde gießen. Mit einem Teil des Mehls verrühren, dann alle übrigen Zutaten (Margarine, Zucker, Eier, Salz) hinzufügen und den Teig gut schlagen. Mit bemehlten Händen je nach Größe ca. 6 bis 8 Klöße formen. Die Klöße auf einem bemehlten Brett an einem warmen Ort ca. **1 Stunde** gehen lassen.

Salzwasser in einem großen Topf zum Kochen bringen. Klöße hineingeben und **5 Minuten** kochen lassen, dann wenden und nochmals **5 Minuten** kochen lassen. Die Klöße verdoppeln beim Garen ihr Volumen. Die garen Klöße mit einer geeigneten Kelle herausheben, sofort auf einen Teller legen und mit einer Gabel aufreißen, damit sie nicht zusammenfallen.

Hefeklöße schmecken sehr gut zu warmen süßen Fruchtsoßen mit Beeren.

Tipp: Hefeklöße dürfen zum Servieren nicht erst in einer Schüssel lagern. Sie kommen sofort auf den jeweiligen Teller zum Verzehr. Denn sie vertragen im Unterschied zu anderen Klößen längeres Stehen nicht.

Selbstgemachte Kleinigkeiten
nach alter Küchentradition

Gänseschmalz

Für 4 – 5 Gläser à 250 ml:

*700 g Gänseflomen oder
abgeschöpftes Gänsefett vom
Gänsebraten*

*50 – 100 g Gänsehaut,
z. B. vom Hals*

300 g Schweineschmalz

1 säuerlicher Apfel

100 g gepellte Zwiebel

*6 – 8 angequetschte
Wacholderbeeren*

3 Stiele Thymian

1 Lorbeerblatt

Pfeffer, Salz

Den Gänseflomen in kleine Stücke schneiden und gemeinsam mit dem Schweineschmalz in einem Topf bei geringer Hitze auslassen. Die Gänsehaut zugeben und darin knusprig ausbraten. Nun den Ansatz durch ein Sieb gießen. Die im Sieb zurückbleibenden Grieben und Hautstücke erkalten lassen. Anschließend mit dem Wiegemesser ganz fein zerkleinern. Die Zwiebel in sehr feine Würfel schneiden ebenso den geschälten, vom Kerngehäuse befreiten Apfel. In einer Pfanne ein wenig Fett erhitzen und darin die Zwiebelwürfel glasig dünsten. Danach die Apfelwürfel für etwa **1 Minute** dazugeben. Die Wacholderbeeren, die abgestreiften Thymianblättchen und das Lorbeerblatt zugeben und mit Pfeffer und Salz abschmecken. Nun alles zusammen in den Fettansatz geben, auch die fein gewiegte Gänsehaut und die Grieben. Das noch warme Schmalzgemisch in Gläser abfüllen, dabei gut durchrühren, damit sich alle Zutaten gleichmäßig mischen. Nach dem Abkühlen die Gläser verschließen und bis zum Verbrauch im Kühlschrank lagern.

Tipp: Hübsch verpackt und mit einem handgeschriebenen Etikett versehen kann man diesen beliebten Brotaufstrich auch verschenken.

Kressepark, Erfurt (Foto S. 90 oben)

Erfurt darf sich glücklich schätzen, am südwestlichen Stadtrand Quellwasser zu besitzen, das beste Voraussetzungen für den Anbau von Brunnenkresse bietet. Neudeutsch zum „Superfood" zählend enthält sie mehr wertvolle Vitamine als Orangen sowie Mineralstoffe, ätherische Öle und gesundheitsfördernde Bitterstoffe. Auch wenn man Brunnenkresse in der Natur an sauberen Bachläufen durchaus noch finden kann, die gezüchtete Form hat einen noch edleren, milden und saftigen Geschmack. Man nutzt sowohl die fleischigen Blättchen meist für Salate, Suppen und Soßen, aber auch die Stängel, die kurz blanchiert ein wenig edles Bohnenaroma vermitteln und ähnlich verarbeitet werden.

Brunnenkresse-Würzöl

100 g Brunnenkresse-Blättchen und zarte Stiele

80 ml Olivenöl

1 Prise Cayennepfeffer

1/2 TL Salz

Die Brunnenkresse **2 Minuten** im Dampf garen, dann abkühlen und mit dem Öl pürieren, mit Cayennepfeffer und Salz würzen.

Tipp: Das Würzöl ist ideal zum Verfeinern von Pasta.

Thüringer Blütenbutter

250 g weiche Butter

1 kleines Bund Schnittlauch

1 gestrichener TL grobes Meersalz

3 EL gezupfte Blütenblättchen von Gänseblümchen, Ringelblume, Borretsch, Schnittlauch, Lavendel oder von anderen essbaren Blüten

1/2 TL Knoblauchgranulat oder sehr fein gehackter frischer Knoblauch

Alle Zutaten gut miteinander vermischen, zu einer Rolle formen und dann in Klarsichtfolie gleichmäßig einrollen. Bei Bedarf Scheiben davon abschneiden. Man kann auch kleine Kugeln formen und diese in weiteren, gezupften Blütenblättchen rollen und im Kühlschrank zum alsbaldigen Verbrauch aufbewahren.

Hagebuttenmus

Bei der Ernte sollte man nur große und pralle Früchte pflücken. Sie sollten sich leicht von den Zweigen lösen lassen. Die Hagebutten gründlich waschen und wiegen. Das Gewicht notieren! Anschließend die Hagebutten etwa mit der gleichen Menge Wasser ansetzen und bei geringer Wärmezufuhr zugedeckt garen. Das dauert etwa **1 knappe Stunde**. Hin und wieder einmal umrühren, damit nichts anbrennt. Danach die Fruchtmasse durch das feine Sieb einer „Flotten Lotte" treiben und das gewonnene Fruchtpüree dann nochmals durch ein feines Sieb streichen. So kann man sicher sein, dass alle ungewünschten Teile ausgesondert wurden. Nun das Hagebuttenmus mit so viel Wasser auffüllen, bis das Anfangsgewicht der Früchte erreicht ist. Ein Drittel des Gewichtes Gelierzucker (3:1) zugeben, mit etwas gemahlenem Zimt und Vanillezucker abschmecken, nochmals aufkochen und **3 Minuten** sprudelnd kochen lassen. Danach in Twist-off Gläser füllen und mit dem Deckel verschließen. Die Gläser umdrehen, mit einem Küchentuch belegen und langsam auskühlen lassen.

Tipp: Hagebuttenmus schmeckt vorzüglich als Brotaufstrich oder verfeinert vor allem Wildsoßen.

Kochkäse nach alter Tradition

Zutaten für etwa 1,2 kg Fertigmasse:

600 g gut gereifter Harzer Rollen- oder Gelbkäse mit kleinem weißem Kern

....

50 g Butter

....

160 ml Vollmilch

....

350 g Magerquark

....

1/2 TL Natron

Die Butter mit der Milch zum Kochen bringen und den zerkrümelten Käse unter ständigem Rühren zugeben. Rühren, bis der Käse komplett zerlaufen ist. Nun Magerquark und Natron zugeben und auf kleiner Flamme weiterrühren, bis eine sämige Käsemasse entstanden ist. In verschließbare Schüsseln abfüllen und auskühlen lassen. Dann im Kühlschrank bis zum Verbrauch aufbewahren.

Tipp: Die Kochkäseherstellung hat in Thüringen lange Tradition und ist ein festes Ritual zur Kirmes – und er schmeckt einfach wunderbar.

Bildnachweis

Colourbox.de (S. 2, 5, 7, 14, 19 unten, S. 26, 29, 39, 47 oben, S. 57 oben, S. 64 oben und unten, S. 67, 72 unten)

Anja Decker (S. 87)

Fotolia.de (Titel oben: mojolo; Titel unten, S. 2, S. 10 oben, S. 37 und S. 42 oben: Henry Czauderna; S. 58 und S. 82: karepa; S. 5; 8; S. 10 unten und S. 18: Heike Rau; S. 11 links: Michael Ebardt; S. 11 rechts: hawanafsu; S. 17: Peredniankina; S. 20: Printemps; S. 23: Dieter76; S. 25: Carmen Steiner; S. 27: Shamslya; S. 34 unten: Ars Ulrikusch; S. 41 und S. 47 unten: ExQuisine; S. 42 unten, S. 55 und S. 63: Jörg Lantelme; S. 43: Slawomir Fajer; S. 48/49 und S. 66: kab-vision; S. 57 unten: ; S. 81: creative studio; S. 88: Doris Heinrichs; S. 89: SZ-Designs; S. 93: annabell2012; S. 94: Kitty)

Dr. Lutz Gebhardt (S. 78, 85) | Sabrina Nürnberger, Erfurt (S. 29, 32, 57, 74, 77)

Pixabay.de (S. 2, 5, 7, 15, 19 oben, S. 34 oben, S. 68, S. 69 oben, S. 72 oben, S. 82 oben, S. 83, S. 90 oben und unten)

Rezeptverzeichnis